MARCO POLO

PEKING

Reisen mit **Insider Tipps**

Das klassische China der Kaiser, die sozialistische Ära, die staunenswerte Zukunftsfreude des neuen Reichs der Mitte: Hier wird alles an einem Ort erlebbar.

MARCO POLO Autor Hans-Wilm Schütte
(siehe S. 147)

Spezielle News, Lesermeinungen und Angebote zu Peking:
www.marcopolo.de/peking

PEKING

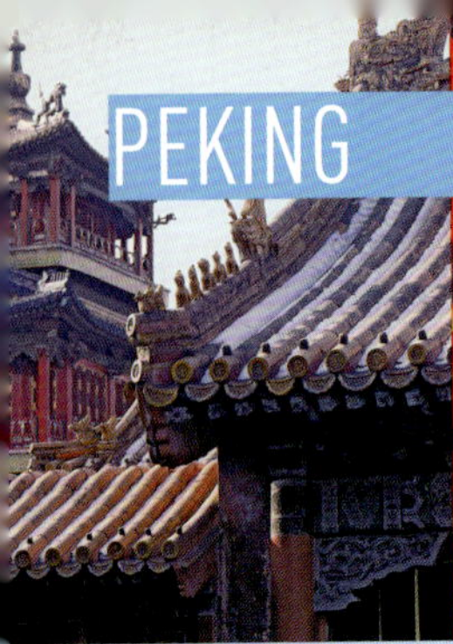

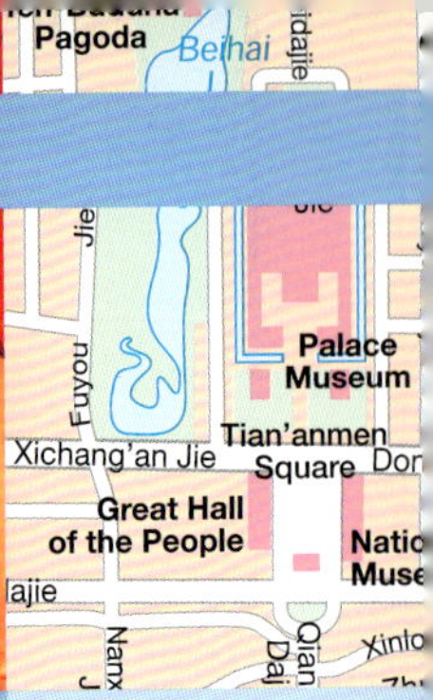

> SYMBOLE

Insider Tipp **MARCO POLO INSIDER-TIPPS**
Von unserem Autor für Sie entdeckt

★ **MARCO POLO HIGHLIGHTS**
Alles, was Sie in Peking kennen sollten

SCHÖNE AUSSICHT

WLAN-HOTSPOT

▶▶ **HIER TRIFFT SICH DIE SZENE**

> PREISKATEGORIEN

HOTELS

€€€ über 160 Euro
€€ 80–160 Euro
€ unter 80 Euro
Die Preise gelten für ein Doppelzimmer pro Nacht

RESTAURANTS

€€€ über 18 Euro
€€ 10–18 Euro
€ unter 10 Euro
Die Preise gelten für ein Essen ohne Getränke

> KARTEN

[130 A1] Seitenzahlen und Koordinaten für de Cityatlas Peking
[0] außerhalb des Kartenausschnitts

Zu Ihrer Orientierung sind auch die Orte mit Koordinaten versehen, die nicht im Cityatlas eingetragen sind Umgebungskarte auf S. 138 139. Karten zum Sommerpa last Yihe Yuan, zum Kaiserpalast Gugong und zu den Ming-Gräbern auf S. 140/ 141. U-Bahn-Plan im hinteren Umschlag

INHALT

> SZENE

> 24 STUNDEN

> LOW BUDGET

Viel erleben für wenig Geld! Wo Sie zu kleinen Preisen etwas Besonderes genießen und tolle Schnäppchen machen können:

> GUT ZU WISSEN

AUF DEM TITEL

ENTDECKEN SIE PEKING!

Unsere Top 15 führen Sie an die traumhaftesten Orte und zu den spannendsten Sehenswürdigkeiten

Die Highlights sind in der Karte auf dem hinteren Umschlag eingetragen

1 Kaiserpalast Gugong
Das größte Ensemble klassischer chinesischer Baukunst birgt Kunstschätze erster Güte (Seite 26)

2 Tian'anmen-Platz
Mao-Mausoleum, Nationalmuseum, Volkskongresshalle, Heldengedenkstele: Hier stehen Sie im Herzen des sozialistischen China (Seite 37)

3 Yonghe Gong
Pekings größter Buddhatempel beeindruckt mit seinem Figurenschmuck (Seite 46)

4 Wangfujing
In Pekings berühmtester Einkaufsmeile präsentiert sich die Metropole modern und international (Seite 52)

5 Himmelsaltar Tiantan
Wo der Himmelssohn vorm Himmelskaiser niederfiel: runde Bauten voller Symbolik (Seite 53)

6 Sommerpalast Yihe Yuan
Gartenkunst für die Kaiserinwitwe. Der weltlängste Wandelgang ist zugleich ein Bilderbuch (Seite 60)

7 Beijing Da Dong Roast Duck Restaurant
Pekingente – am besten gefällt sie Kennern in diesem altbewährten Restaurant (Seite 70)

8 Fangshan
Im einstigen kaiserlichen Lustgarten des Beihai-Parks lässt sich speisen wie die Kaiser – und zwar echt! (Seite 71)

> DIE BESTEN MARCO POLO HIGHLIGHTS

9 Panjiayuan-Markt
Ein echter Flohmarkttraum: 3000 Stände mit Kunst und Krempel, Antikem und Gefälschtem, Alltäglichem und Originellem (Seite 78)

10 Liulichang
Die Gasse der Kunst- und Antiquitätenhändler – mit Altpekinger Ambiente (Seite 78)

11 Houhai-Gegend
Pekings stimmungsvolles Zentrum des Nachtlebens: die Bar- und Restaurantszene an den hinteren Seen (Seite 86)

12 Hu-Guang-Gildenhaus
Das Bühnenspektakel der Pekingoper erleben Sie am besten auf dieser historischen Bühne (Seite 89)

13 Große Mauer
Um mit Mao zu sprechen: „Wer nicht auf der Mauer war, ist kein echter Kerl." Gleich mehrere Abschnitte bieten sich an – nicht nur für echte Kerle (Seite 110)

14 Ming-Gräber
Kaiserpaläste fürs Jenseits: Zwei der dreizehn Mausoleen sind besonders sehenswert, dazu der schöne Seelenweg mit der steinernen Ehrengarde (Seite 111)

15 Xiangshan
Die Duftberge: Pekings schönstes Ausflugsziel, nordwestlich der Stadt gelegen, erfreut mit Gondelbahn, Aussichtsgipfel und zwei Tempelklöstern (Seite 112)

WAS
FÜR
EINE
STADT!

AUFTAKT

Mitten hinein ins Reich der Mitte! Peking lockt mit seinen Palästen und Altären und mit einem Ausflug zur Großen Mauer, und es überrascht als Metropole des 21. Jhs. Innerhalb von nur zwanzig Jahren hat sich die Stadt praktisch neu erfunden, und im Vorfeld der Olympischen Spiele 2008 gab es noch einmal einen großen Entwicklungsschub. Aber es sind nicht nur die Zeugnisse der Kaiserzeit, der Mao-Ära und das große Geld von heute, die die Stadt prägen, sondern auch der Erfindungsreichtum und die Lebenslust ihrer Bewohner – zu erleben beim Frühsport im Park, beim Schmaus in der Garküche, beim Cocktail in der Kneipe.

> Die Erwartung ist groß. Peking war einst Mittelpunkt einer Weltkultur. Die Mongolen und die Mandschu beherrschten von hier aus den größten Teil Ostasiens. Heute ist die Stadt politisches und kulturelles Zentrum für ein Fünftel der Menschheit, rund das Doppelte von ganz Europa. Und mit der „Verbotenen Stadt", mit seinen Tempeln und Palästen verkörpert Peking, so mag es scheinen, die gesammelten Geheimnisse Chinas, ja, des Orients. Gehen die Erwartungen in Erfüllung?

Eines ist sicher: Peking bietet jede Menge Überraschungen, und dies bei jeder Wiederkehr von Neuem. Wer

> Peking bietet jede Menge Überraschungen

hier zum ersten Mal chinesischen Boden betritt, erlebt jedoch zunächst einen Schock. Auf endlos gerader Autobahn fährt man vom Flughafen aus auf eine gesichtslose, die meiste Zeit des Jahres von einer atemraubenden Abgasglocke halb verhüllte Hochhauskulisse zu, passiert Serien haushoher Reklametafeln, als sei hier der Hort des Kapitalismus, und wird schließlich an einem protzigen Hotelportal abgesetzt, bei dem allenfalls etwas chinesische Dekoration – meist ein Paar Steinlöwen – verrät, dass man soeben nicht in Kanada oder Australien, sondern in China gelandet ist.

Erst nach und nach erkennt man, dass das heutige Peking im Grunde aus drei Städten besteht, die sich zwar vermischen, es dabei aber fertigbringen, einander fast völlig zu ignorieren. Da ist zum einen das Peking der Kaiserzeit, die eigentliche Attraktion. Hierzu gehören der Kaiserpalast, die kaiserlichen Altäre, einige erhaltene Tempel und – im steten Schwinden begriffen – alte Wohnviertel, die aus den für Peking so typischen, eingeschossigen Hofhäusern bestehen. Auch die Anlage der inneren Stadt-

Würdige Architektur und reiche Kunstsammlungen: der Kaiserpalast – die „Verbotene Stadt"

teile mit ihren langen und geraden, doch ursprünglich nicht sehr breiten Straßen und dem Gewirr schmaler Gässchen ist weitgehend aus alter Zeit erhalten geblieben. Das zweite Peking ist das sozialistische der Fünfziger- bis Siebzigerjahre des 20. Jhs. Es zeigt sich in monumentalen, doch nicht besonders hohen Bauten in einem sinostalinistischen Stil, in unansehnlichen Plattenbauten und in jenem endlos langen und breiten Ost-West-Boulevard, der die ganze Stadt durchschneidet, in der Mitte markiert vom Platz am Tor des Himmelsfriedens, dem Zentrum des sozialistischen China. Das dritte Peking, wieder völlig anders, ist das

> ***Das tägliche Leben spiegelt Tradition und Gegenwart***

von heute, ein aggressiv wucherndes Gebilde aus spiegelnden Hochhäusern, knalligen Ladenfronten und Autobahnen, das sich – man sah es am Hoteleingang – hier und da ein wenig mit Imitaten klassisch-geschwungener Dächer oder anderem nostalgischem Firlefanz herausputzt, um seine Beliebigkeit und Hässlichkeit ein wenig zu bemänteln und eine kulturelle Kontinuität vorzuspiegeln, die nur noch Legende ist. Nirgendwo in Europa wurde seit den 1980er-Jahren so bombastisch gebaut wie hier – und mit dem Vorhandenen so konsequent tabula rasa gemacht.

Im Leben in den Straßen, auf den Märkten, in Büros, Schulen und Fabriken spiegeln sich Tradition und Gegenwart in tausenderlei Mischungsverhältnissen. Morgens im Park treffen sich die Frühaufsteher zum Schattenboxen, während andere nach Diskomusik aus dem Kassettenrekorder Gymnastik machen. Vor den heruntergekommenen, doch noch immer heimeligen Altstadthäusern hocken alte Männer unter Schatten spendendem Blätterdach auf winzigen Stühlchen, tief über eine Partie chinesisches Schach gebeugt. Unterdessen wächst nebenan ein neuer Konsumtempel oder ein weiteres Luxushotel in die Höhe. Gewisse amerikanische Bulettenbratereien haben sich bis in entlegene Stadtteile verbreitet, Kaderkinder und Jungunternehmer strömen in Diskotheken und Karaoke-Bars. Schick ist es, im Hochhaus zu wohnen: mit Parkett und eigenem Bad.

Was nun die Erwartungen an das alte Peking, an klassische chinesische Kultur und Zivilisation angeht, so ist man in der Tat an der richtigen Stelle.

Der Kaiserpalast mit seinem würdevollen Rhythmus aus geschwungenen gelben Dächern, roten Säulen und weißen Höfen ist ein architektonisches Meisterwerk von großer Schönheit. Seine Kunstsammlungen präsentieren das kulturelle Erbe aus drei Jahrtausenden. Die kaiserlichen Altäre, soweit noch vorhanden, künden von einem zentralen Anliegen der alten chinesischen Zivilisation – dem Wunsch nach Einordnung des Menschen in den Kosmos, dessen harmonische Kreisläufe zwischen männlich-aufstrebendem *yang* und

> **Eine Metropole des 21. Jhs. steht auf dem Programm**

weiblich-niedersinkendem *yin* als Vorbild für die Ordnung der Gesellschaft und für das menschliche Leben überhaupt empfunden wurden. Das gleiche Harmoniedenken liegt der klassischen Gartenkunst zugrunde, wie sie etwa im Sommerpalast Yihe Yuan zu sehen ist. In den buddhistischen Tempeln, obwohl großenteils nicht mehr aktiv, manifestiert sich der Glaube an die Möglichkeit individueller Erlösung.

So typisch chinesisch die klassischen Bauten Pekings mit ihren Kunstschätzen erscheinen, so erstaunlich ist es, dass sie sich gerade hier finden. Alle anderen alten Hauptstädte Chinas lagen über 600 bis 1100 km weiter südlich, Peking selbst war bis zum 10. Jh. größtenteils bloß eine Garnisonstadt an der Nordgrenze des Reiches kurz vorm Grasland der Nomaden. Erst die Mongolen bauten Peking um 1270 zur Metropole eines Großreichs aus. Am stärksten prägte jedoch der dritte Ming-Kaiser die Stadt: Sein Vater, der Dynastiegründer, hatte Nanking (Nanjing) zur Hauptstadt bestimmt. Er selbst, ein ambitionierter Feldherr, putschte gegen den zweiten Kaiser, seinen Neffen, und verlegte die Residenz nach Peking zurück, wo sich sein Machtzentrum befand. Zu dem Zweck ließ er die Stadt, den Palast und die Altäre bis 1420 weitgehend neu errichten. Von damals stammt auch ihr Name *Beijing*, „Nördliche Hauptstadt".

Nachdem 1553 auch die südliche Vorstadt befestigt worden war, gab es bis um 1900 kaum bauliche Veränderungen, und noch Anfang der Fünfzigerjahre sah das Stadtbild aus wie seit Jahrhunderten: Von der Stadtmauer aus blickte man auf ein Meer grau gedeckter, meist ein- und selten zweigeschossiger Wohnhäuser, die nur von den gelb glasierten Dächern des Palastes sowie einigen Tempelbauten, Pagoden und Bäumen überragt wurden.

Im 19. und 20. Jh. fielen dreimal Ausländer über Peking her: 1860 die Engländer und Franzosen, 1900 bei der Niederschlagung des Boxeraufstands eine alliierte Armee von acht Fremdmächten und 1937 die Japaner. 1927 war die republikanische Regierung nach Nanking umgezogen, und Peking wurde in Peiping (*Beiping*, Nördlicher Friede) umbenannt. Doch 1949, mit der „Befreiung", gaben die siegreichen Kommunisten Peking den alten Namen und seine Hauptstadtfunktion zurück.

Während sie sich aber gern im Ruhm der Stadt sonnten, gingen sie mit dem Erbe wenig pfleglich um. Peking sollte eine Hauptstadt der Arbeiterklasse werden, und nun steht eine Metropole des 21. Jhs. auf dem Programm. Die Altstadt wird auf Inseln und größten Sehenswürdigkeiten. Das China der Ming-Zeit, das Reich der Mandschu, die Zukunftshoffnungen des sozialistischen China, das nationale Selbstbewusstsein dieser werdenden Weltmacht und ihre boomende Wirtschaftskraft – hier wird

Nachrichten und Mode an einem Pekinger Zeitschriftenstand

im Hochhausmeer reduziert und mutiert vom Slum zum Wohngebiet für die Elite. Im Hinblick auf die Olympischen Spiele 2008 ist außer einem weiteren Verlust an Altpekinger Flair jedoch auch viel Positives zu erwarten: saubere Luft und effektivere Verkehrsmittel, besser restaurierte Altertümer sowie Museen von internationalem Standard. Peking, mit 8,4 Mio. Einwohnern (ohne Landbezirke) zweitgrößte Stadt des Landes, bleibt die chinesische Stadt mit den meisten alles an einem Ort erlebbar. Ein ewiges China, so muss man jedoch erkennen, gibt es nicht, und wer richtig alte Altertümer sehen will, muss nach Xi'an oder Datong fahren. Schönheit aber und Weisheit, Machtgelüste und Launen, Alltag und Religion einer so fern erscheinenden, alten Kultur und ihrer Menschen zu erleben und nachzuvollziehen, dazu ist ein Besuch Pekings hervorragend geeignet, und für jeden Wiederkehrer gibt es einen Strauß neuer Überraschungen.

TREND GUIDE PEKING

Die heißesten Entdeckungen und Hotspots! Unser Szene-Scout zeigt Ihnen, was angesagt ist

Volker Häring
weiß, wo und wie in Peking die Trends entstehen. Schließlich hat er selbst zwei Jahre dort gelebt und die Stadt in all ihren Facetten kennengelernt. Seitdem kehrt er immer wieder in seine Lieblingsstadt zurück. Als Musiker, Autor und Kosmopolit ist Volker Häring am Puls der Zeit und in ständigem Kontakt mit anderen Szenegängern aus Chinas Hauptstadt.

ART SPACE

Kunst in der Fabrik

Ein altes Industrieareal avanciert zum Hotspot der Kunstszene. Auf dem Gelände einer stillgelegten Raketenfabrik haben sich Pekings Kreative mit ihren Galerien zwischen Restaurants und Cafés niedergelassen. Während des *Dashanzi Art Festivals (www.diaf.org)* treffen sich hier international angesehene Maler und Bildhauer zum künstlerischen Austausch. Place to be ist das *Yan Club Art Center*. Die Galerie mit ihren 8 m hohen Räumen bildet den stylishen Rahmen für die zeitgenössische Kunst *(Dashanzi Art District, Jiuxianqiao Lu 4, www.yanclub.com)*. Und auch die *Red Gate Gallery*, Avantgarde-Trendsetter der Stadt, hat einen Ableger in der neuen Kunsthochburg *(Dashanzi 798, Jiu Xianqiao Lu 2, www.redgategallery.com/tanchu.htm)*.

SZENE

LIFE IS LIFE

Eine Plattform für Music-Newcomer

Die mehr als 100 Bands, die in Chinas Hauptstadt ihr Glück versuchen, bekommen in kleinen Clubs die Chance, vor Publikum aufzutreten. Das Spektrum der Künstler ist riesig: Von Rock über Punk bis hin zu Jazz wird alles geboten. Bei den Newcomern besonders beliebt ist das angesagte *D-22 (Chengfu Lu 242, Haidian District, www.d22beijing.com)*. Bands wie *Casino Demo* mit ihrem super talentierten Frontman Wang Zi rocken hier mit Punk und Britpop die Bühne. Death Metal, Ska und Rock, schräge Graffitis an den Wänden und jede Menge lokaler Talente machen den *13 Club* zum Underground-Favoriten *(Chengfu Lu 161)*. Einmal selbst Rockstar sein? Kein Problem: Jeden Sonntag darf man im *Lush (Huaqing-Jiayuan-Block Nr. 1, 2. Stock, Chengfu Lu)* sein Können beweisen.

OPEN-AIR-KULTUR

Peking entdeckt die Terrasse

In immer mehr Teehäusern und Bars spielt sich das Leben seit Neuestem im Freien ab. Besonders beliebt bei allen Frischluftfans ist die *Buddha-Bar (Houhai Buddha Bar, Yinding Qiao 16,* Foto*)*. Hier trifft sich die Szene, sitzt in gemütlichen Korbstühlen und beginnt den Abend mit einem Drink. Ebenfalls Pflichtprogramm: Die *Kokomo's Terrace*. Von der Terrasse im vierten Stock hat man einen phantastischen Blick auf die Skyline der City. Mit einem Glas in der Hand – und den Sternen über sich – vergisst man den Alltagsstress *(Tongli-Studios, Sanlitun)*.

SINNLICH & EDEL

Wellness Deluxe

Die neuen Massagetempel setzen auf High-Level-Anwendungen in edlem Ambiente. Vorreiter in Sachen Style ist das *Senso* mit seiner mediterranen Badelandschaft, in der vor allem Hot Stones für Entspannung sorgen *(Novotals Oasis Beijing, Yanshun Lu 8)*. Weiterer Wohlfühl-Hotspot: das *Zen Spa*. Traditionelle Architektur, Blüten- und Tierornamente und dazu Treatments mit Naturprodukten stehen im Vordergrund. Besonders relaxend ist das Peeling aus Rosenblättern und Kräutern mit anschließendem Ganzkörper-Honigwrap am Zen-Pool *(Xiaowuji Lu 8 A, www.zenspa.com.cn)*.

NACHTLEBEN FÜR GENIESSER

Neue Meile für Partypeople

Nanluogu Xiang – die denkmalgeschützte Altstadt steht neuerdings für Party pur. Hier reihen sich trendige Bars an Clubs und szenige Restaurants an Lounges. Der Mix aus chinesischer Tradition und Design lockt die Nachtschwärmer an. Im *Zhazha Café (Nanluogu Xiang 101)* kann man wunderbar den Zeitgeist des Viertels spüren, ebenso wie in der *Passby Bar (Nanluogu Xiang 108, www.passbybar.com)*. Nach der Renovierung wurde aus der altmodischen Kneipe ein super Stylo-Laden mit Restaurant, Club und Bar. Dort kann man sich die internationale Küche schmecken lassen und anschließend einen Cocktail zu sich nehmen.

AB DURCH DIE MITTE

Mit dem Bike auf Tour

Auf zwei Rädern durch die City! Was früher nur zur Fortbewegung gedacht war, wird zum neuen Freizeit-Highlight. Kein Wunder, dass neue Bikeshops wie Pilze aus dem Boden schießen. Bei *Giant Bicycles* bekommt man alles, was man für große oder kleine Touren braucht *(Jiaodaokou Dongdajie 4–18)*, und *Cycle China* bietet organisierte Trips durch die Stadt an und verleiht Räder *(Jingshan Dongjie 12, Dongcheng District, www.cyclechina.com)*.

STILVOLLE PALÄSTE

Wohnen wie ein Kaiser

Die *Siheyuan*, die prachtvollen Hofhäuser der mandschurischen Adligen, werden zu modernen Hotels, in denen sich jeder Gast wie ein VIP fühlen kann. Luxus pur ist das Markenzeichen der neuen Schlafstätten. So beeindruckt das *Sihe Hotel (Dengcao Hutong 5, www.sihehotel.com)* mit roten Seidenlampions, geschwungenen Phönixmotiven und verträumten Innenhöfen. Der *Red Capital Club* ist ganz in Rot getaucht und versetzt seine Besucher in eine andere Welt. Der Luxus zieht nicht nur Übernachtungsgäste an, sondern auch Szenegänger, die in dem Wohlfühlambiente entspannen wollen *(Dongsi Liutiao 66, www.redcapitalclub.com.cn)*.

KARAOKE-REVIVAL

Nur keine Scheu vor Publikum

Nachdem Karaoke für einige Zeit aus der Szene verschwunden war, erlebt es nun eine fulminante Wiedergeburt. In zahlreichen Locations heißt es: Ran ans Mikro! *Partyworld (Chaoyangmenwai Dajie 22, Chaoyang District, www.cashboxparty.com)* bietet neben dem Mitsing-Event auch kostenlose Gourmetbüfetts an, im *Tango Club (am Südtor des Ditan Park)* können ambitionierte Sänger aus 20 000 Songs auswählen. In den pinkfarbenen Räumen der Karaoke-Bar *Melody (Chaoyangmenwai Dajie 77)* werden vor allem koreanische, japanische und englische Songs performt.

> IDEALE UND SYMBOLE

Ein wenig Hintergrundwissen zu dem, was Ihnen in Chinas Hauptstadt begegnet

MONDKALENDER

Die wichtigsten chinesischen Feste richten sich nach dem traditionellen Mondkalender. Er ist, genau genommen, ein „lunisolarer" Kalender: Damit der Anfang des rund 355 Tage langen Mondjahrs gegenüber dem Sonnenjahr möglichst stabil bleibt, wird alle zweieinhalb bis drei Jahre ein Schaltmonat eingefügt. Daher fällt das chinesische Neujahrsfest, heute im Unterschied zum 1. Januar Frühlingsfest geheißen, stets auf den ersten Neumond nach dem 21. Januar.

PEKINGOPER

Traditionelle chinesische Bühnenkunst kennt viele Formen, die populärste Form des Musiktheaters aber stammt aus der Hauptstadt. Gemessen an Chinas langer Theatertradition

Bild: Neubauten an der Chongwenmenwai Dajie

STICH WORTE

entwickelte sie sich erst spät: vor 200 bis 150 Jahren.

Anders als die europäische Oper lebt die chinesische nicht von großen Komponisten und Regisseuren, sondern von der Bühnenpräsenz der Mitwirkenden, die vielfach Sänger, Sprecher, Tänzer und Akrobaten in einer Person sind. Zur Faszination trägt auch das Fehlen eines Bühnenbildes bei: Hier ist die Phantasie gefordert. Auch in anderen Dingen muss man mitdenken. Tastet sich beispielsweise jemand bei hell erleuchteter Bühne mit ausgestreckten Armen voran, so weiß man: In Wahrheit herrscht gerade finstere Nacht.

Hilfreich zum Verständnis sind die vier Rollentypen: positive männliche Helden, Frauenrollen, männliche Abenteurer (positive und negative, mit maskenhafter Gesichtsbemalung) und Clowns oder Narren mit lustiger weißer Bemalung um Nase und Au-

Drache als Dachzier im Tempel Baiyun Guan

gen. Die Persönlichkeit des Darstellers ist gefordert, die festgelegten Ausdrucksformen dieser Rollentypen mit Leben zu erfüllen.

Die Opernstoffe sind meist allseits bekanntes Geschichtengut: Volkssagen und dichterisch verbrämte historische Themen. Mutige Helden, liebreizende Frauen und lächerliche Einfaltspinsel verbinden sich zu einer bühnenwirksamen Melange, besonders wenn die Damen auch noch im Schwertkampf bewandert sind oder die Heerführer mit einem Salto die Bühne betreten. Da Ausländer heute meist den Großteil der Zuschauer stellen, haben sich die Bühnen auf sprachunkundiges Publikum eingestellt und präsentieren vorwiegend eine Auswahl an akrobatischen Szenen. Ganze Opern bekommt man nur noch selten zu Gesicht.

QIGONG UND ANDERE LEHREN

Qi: das ist der Lebensodem, die Lebensenergie. Seit alters ist es das Ziel von Daoisten, ihr Qi zu wahren und zu mehren. Qigong, das „Wirkenlassen des Qi", ist ein Sammelbegriff für alle Körper- und Atemübungen, die diesem Ziel dienen, und so viele Qigong-Formen es gibt, so viele Qigong-Lehren. Manche haben die Kommunisten verboten: Sie waren ihnen zu gefährlich, erschienen ihnen geheimbündlerisch. Ebensolche Furcht steckt auch hinter der Verfolgung von Falungong, einer Gesundheitslehre mit buddhistischen Elementen.

Auch das im Westen sehr bekannte Schattenboxen, Taiji Quan, ist letztlich eine Qigong-Form, wenn auch eine wenig spektakuläre. In China praktizieren sie vor allem ältere Leute. Welche Qigong-Formen gerade Mode sind, erfahren Sie beim morgendlichen Frühsport im Park.

STADTANLAGE UND -ENTWICKLUNG

Wie in Nordchina üblich, ordnet sich auch Pekings Stadtanlage dem Himmel zu: Die alte Hauptachse verläuft genau nordsüdlich. Städtebaulicher Kern ist der Kaiserpalast. Dessen Mauergeviert war einst umgeben von der sogenannten Kaiserstadt als innerstem Stadtbezirk. Ihre Ummauerung ist verschwunden bis auf die Südmauer mit dem Tor des Himmelsfriedens, dem Tian'an Men. Eine neuntorige Stadtmauer fungierte als äußerer Schutzwall der so genannten Inneren Stadt, des eigentlichen Stadtgebiets.

Außen vor den neun Toren lagen (und liegen) in den vier Himmelsrichtungen die Altäre, auf denen der Kaiser mit Opfern an Himmel und Erde, Sonne und Mond die Menschheit mit dem Kosmos versöhnte und mit rituellem Pflügen die Ackerbausaison eröffnete. Das gewerbliche Leben vollzog sich in den Vorstädten. Deren größte war die Südstadt. Ihrem Stadtgraben folgt heute der südliche Teil der zweiten Ringstraße.

Nach 1949 ließ man die Altstadt erst zu einem Slum verkommen, dann hatten die historischen Wohnviertel Hochhäusern zu weichen. Selbst für das Umfeld der kostbarsten Ensembles (Kaiserpalast, Himmelsaltar) wurden Bauhöhenbeschränkungen nur halbherzig durchgesetzt. Anstelle der historischen Hauptstraßen wurden drei-, viermal so breite Autoschneisen durch die Altstadt geschlagen. Ein Großteil der Altstadtbewohner wurde in Satellitenstädte umgesiedelt. Der Untergang des alten Peking ist ein unermesslicher Verlust für die Weltkultur. Die moderne Metropole bietet dafür mehr Grün, mehr Sauberkeit und mehr Bequemlichkeit. Diese Tendenz hat sich im Vorfeld der olympischen Spiele noch einmal deutlich verstärkt.

SYMBOLE

Vom Bauern bis zum Kaiser umgeben sich die Chinesen seit je mit Glück verheißenden Symbolen.

Chinesische Drachen bewohnen das Lebenselixier des Wassers: Wolken, Flüsse, Brunnen, Meere. Der Regen und Segen bringende Wolkendrache mit fünf Krallen pro Tatze ist Symboltier des Kaisers, der paradiesvogelartige Phönix Sinnbild der Kaiserin.

Die drei Glücksgötter stehen für die drei alten Lebensideale: Der eine hat ein Söhnchen in Begleitung (männlichen Nachwuchs), der mittlere in roter Robe trägt einen Beamtenhut, hat also Ansehen und Wohlstand errungen, und ein glatzköpfiger Alter, auf einen Stock gestützt und einen Unsterblichkeitspfirsich in der Hand, verkörpert langes Leben.

Fisch *(yu)* lautet wie „Überfluss" – besonders sinnreich auf Essgeschirr. Die Fledermaus *(fu)* bedeutet Glück *(fu)*. Der Hirsch *(lu)* steht für Beamtengehalt *(lu)* – also sicheres, reichliches Einkommen – und für langes Leben. Kraniche werden angeblich uralt, verkörpern also ebenfalls Langlebigkeit. Sie sitzen gern auf Kiefern, die sich, da immergrün, ebenfalls nicht versiegender Lebenskraft erfreuen.

Die Lotosblüte steht für die Liebesbande. Anders im buddhistischen Kontext: Dort ist sie ein Symbol der Reinheit, die zu erreichen möglich ist, selbst wenn man, wie die Lotospflanze, im Schlamm wurzelt. Pfirsich: Man denkt an die Pfirsiche der Unsterblichkeit, die in den Gefilden der Seligen wachsen.

LATERNENSCHAU UND TEMPELMARKT

Für die Höhepunkte im Jahr gibt der Mond das Datum an

> Von den einst reichen Festtraditionen der Stadt ließ der Sozialismus wenig übrig. Auch wenn manches wiederbelebt wurde, erlebt man die Pekinger selten in Festtagslaune. Traditionelle Feste richten sich nach dem Mondkalender, die Daten schwanken daher. Römische Zahlen bedeuten Mondmonate.

GESETZLICHE FEIERTAGE

1. Jan. *Neujahr;* **Frühlingsfest:** *Chinesisch-Neujahr sowie der Tag davor und der Tag danach;* **Qingming-Fest:** *in Schaltjahren und dem Jahr danach am 4., sonst am 5. April;* **1. Mai** *Tag der Arbeit;* **Drachenbootfest:** *5. V., nach dem westlichen Kalender: 8. Juni 2008, 28. Mai 2009;* **Mittherbstfest:** *15. VIII. (s. „Traditionelle Feste");* **1. Okt.** *Nationalfeiertag sowie zwei Tage danach*

TRADITIONELLE FESTE

1. I. Frühlingsfest *(Chunjie)*. Das chinesische Neujahrsfest ist das wichtigste Ereignis im chinesischen Kalender. Alle fahren in ihren Heimatort und treffen Verwandte und alte Freunde. Zu Haus beschenkt man einander und kocht das größte Festessen des Jahres. Das öffentliche Leben pausiert, auch in internationalen Hotels hält nur noch eine Notmannschaft den Betrieb aufrecht. Für eine Pekingreise ist das Frühlingsfest also ein schlechtes Datum. Vorher und nachher jedoch ist einiges los. Am schönsten sind die beiden großen ★ Tempelmärkte auf dem Gelände des *Erdaltars Ditan* [132 C2] bzw. im Tempel *Baiyun Guan* [134 C3]. Dort gibt es hübsche Volkskunst, Spielzeug und Kleidung zu kaufen, man kann sich an Imbissen stärken und von Löwentänzen, Puppenspielen und Akrobatik unterhalten lassen. Die nächsten Termine: 26. Jan. 2009, 24. Feb. 2010

★ 15. I. Laternenfest *(Yuanxiaojie)*. Mit dem ersten Vollmond im Mondjahr endet die Festsaison. Im *Kulturpalast der Werktätigen* (Laodong Renmin Wenhua Gong) [136 B2], am *Kulturpalast der Nationalitäten* (Minzu

> EVENTS FESTE & MEHR

Wenhua Gong) [135 E2–3] und an einigen anderen Orten werden eigens zu diesem Anlass angefertigte Prunklaternen ausgestellt. Der Höhepunkt sind Shows mit raffinierten Lichteffekten.

15. VIII. Mittherbstfest *(Zhongqiujie)*. An diesem Tag soll der Vollmond besonders hell und rund sein, weswegen man auch vom Mondfest spricht. Man betrachtet den Mond und verzehrt „Mondkuchen", ein kreisrundes, gehaltvolles Gebäck mit einer marzipanähnlichen Füllung. In vielen Parks finden allerlei volkstümliche Vergnügungen und Laternenschauen statt, so im *Beihai-Park* [132 A5] und im *Yuanming Yuan* [138 C4]. Die nächsten Termine: 14. Sept. 2008, 3. Okt. 2009, 22. Sept. 2010

SONSTIGE FESTE UND VERANSTALTUNGEN

Januar/Februar

In der Schlucht *Longqing Xia* außerhalb der Stadt [138 B2] und, wenn es kalt genug ist, auch im *Beihai-Park* [132 A5] werden um die Neujahrszeit herum Eisskulpturen errichtet, die von innen erleuchtet werden – bei Dunkelheit ein zauberhafter Anblick. Zur Longqing-Schlucht werden dann organisierte Ausflüge angeboten. Fragen Sie am Reisebüroschalter Ihres Hotels nach. Insider Tipp

1. Juni

Kindertag *(Ertongjie)*. Eltern ziehen mit ihrem festlich herausgeputzten Nachwuchs in die Vergnügungsparks, wo die Kinder Autoscooter und Karussell fahren dürfen und (fast) jeden Wunsch erfüllt bekommen.

1. Oktober

★ Nationalfeiertag im Gedenken an die Staatsgründung 1949. Schön sind die Festfeuerwerke an verschiedenen Stellen der Stadt, und eine Freude fürs Auge noch bis Mitte Oktober ist der überreiche, kunstvoll arrangierte Schmuck aus blühenden Topfblumen an den Hauptstraßen, vor Hotels und öffentlichen Gebäuden.

> RUND UM DEN DRACHENTHRON

In Palästen, Parks und Tempeln
spiegelt sich die Kultur eines Weltreichs

> Kaiserpalast, Himmelsaltar und Große Mauer: Das ist weniger als das Minimum, und doch bieten die meisten Pauschalreisen kaum mehr. Tatsächlich hält Chinas Metropole genug erstklassige Sehenswürdigkeiten für eine Woche bereit, und auch eine zweite lässt sich bestens füllen.

Peking auf eigene Faust zu entdecken geht recht gut. Taxis sind billig. Für innerstädtische Touren ist ein Fahrrad ideal, denn nur wenige Ziele liegen in fußläufiger Entfernung voneinander. Manche Hotels vermieten selbst Räder, oder die Rezeption weiß, wo man eins bekommt. Es gibt keine regulären Stadtrundfahrten. Zu den Hauptattraktionen finden jedoch täglich Besichtigungstouren mit klimatisierten Bussen statt, zu buchen in jedem besseren Hotel.

Wegen Pekings fußgängerfeindlicher Dimensionen ist die folgende Gliederung in Stadtviertel vor allem für Radler nützlich, die mehr sehen

Bild: Tian'an Men

SEHENSWERTES

wollen als die ganz großen Attraktionen. Bis auf die Südstadt sind diese Viertel keinesfalls offizieller Natur, sondern hier nur zwecks besserer Orientierung erfunden worden.

Außer je einem Ziel in den Regionen „Osten" und „Nordosten" liegen übrigens alle Sehenswürdigkeiten im Altstadtbereich, dessen Grenzen die 2. Ringstraße, im Norden und Süden auch die erhaltenen Stadtgräben markieren.

Die Eintrittskarten zu den Sehenswürdigkeiten werden meist nicht am Eingang, sondern an einem oft unscheinbaren Schalter irgendwo daneben verkauft. Im Folgenden werden nur Preise von über 10 Yuan angegeben. Auch Parkbesuche kosten Eintritt.

Beachten Sie, dass Besucher im Kaiserpalast und in den meisten Museen nur bis 60 Minuten vor Toresschluss eingelassen werden.

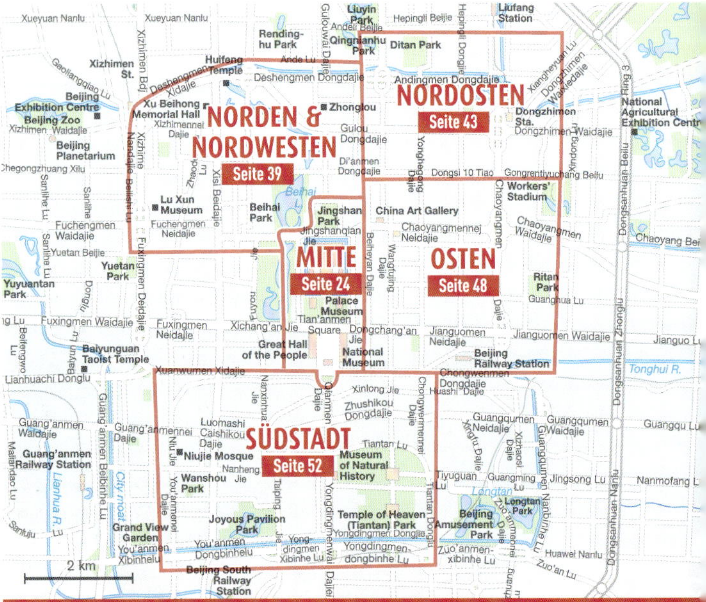

Die Karte zeigt die Einteilung der interessantesten Stadtviertel. Bei jedem Viertel finden Sie eine Detailkarte, in der alle beschriebenen Sehenswürdigkeiten mit einer Nummer verzeichnet sind

MITTE

> Das Zentrum der Stadt, das Zentrum Chinas: des konfuzianisch-kaiserlichen wie des sozialistischen. Mit dem Tiananmen-Platz, dessen monumentaler Randbebauung und dem Ost-West-Boulevard Chang'an Jie wollte Letzteres das Erstere städtebaulich konterkarieren und unterlag ihm doch. Hier spürt man Chinas Stolz und seine Größe, aber auch die Widersprüche, die das Land prägen. Wenn Sie nicht in ein Tourprogramm eingebunden sind, schauen Sie sich unbedingt erst den Platz an und schreiten Sie entlang der Nord-Süd-Achse dann durch die Folge monumentaler Tore zum Palast. Tragen Sie den Kopf hoch und schauen Sie stolz geradeaus, so nimmt Sie die außerordentliche Majestät des Ortes erst recht gefangen.

1 BEIJING PLANNING EXHIBITION HALL ★ [136 B3]

Das Stadtplanungsmuseum: Was sich sehr speziell anhört, sei allen empfohlen, denn die Rückblicke und Ausblicke auf die vergangene und die zukünftige Stadtentwicklung schlagen die Besucher in Bann. Ein 10 mal 9 m großes Bronzemodell zeigt das Peking von 1949, noch um Vieles größer ist das begehbare Stadtmodell im 3. Stock, das die aktuelle Bauplanung inklusive Olympia 2008 zeigt. Im 3-D-Kino reist man durch Pekings Geschichte, im 4-D-Kino katapultieren einen elektrisch gesteuerte Sessel in die Zukunft des Pekinger Verkehrswesens. *Di–So 9 bis 17 Uhr | Eintritt 30 Yuan, Kinos je 10 Yuan | Qianmendong Dajie 20 | U-Bahn 2: Qianmen*

Insider Tipp

2 CHANG'AN JIE [135 E–F3, 136 A–C3]
Das Herzstück von Pekings gewaltiger Ost-West-Achse steht im allgemeinen Sprachgebrauch häufig für den ganzen 30 km langen, schnurgeraden Boulevard. Nur das Stück in der Mitte zu beiden Seiten des Tores Tian'an Men existierte schon im alten Peking – von damals stammt auch der Name „Straße des langen Friedens". Der große „Rest", Produkt kommunistischen Städtebaus, sollte die historische Nord-Süd-Achse konterkarieren.

Neue und bereits fertiggestellte Megaprojekte an der Straße sind der Büro-Einkaufs-Hotel-Komplex *Oriental Plaza* [136 B–C3] des Hongkonger Tycoons Li Kashing und das futuristische *Nationaltheater* (siehe unten).

3 ERNTEALTAR SHEJITAN [136 A2–3]
Hier opferte der Kaiser zweimal jährlich. Die quadratische Terrasse ist mit Erde in den Farben der fünf Weltgegenden bzw. Himmelsrichtungen belegt und symbolisiert so das ganze Reich, für dessen Wohl der Kaiser verantwortlich war: blauer Osten, roter Süden, weißer Westen, schwarzer Norden und gelbe Mitte. In den nördlichen Hallen wurde das Zeremonialgerät verwahrt. *Im Sun-Yatsen-Park*

MARCO POLO HIGHLIGHTS

★ **Beijing Planning Exhibition Hall**
Besichtigen Sie das Peking von morgen! (Seite 24)

★ **Kaiserpalast Gugong**
Das größte Ensemble klassischer chinesischer Baukunst (Seite 26)

★ **Tian'anmen-Platz**
Das symbolbehaftete Zentrum des sozialistischen China (Seite 37)

★ **Shichahai-Gegend**
Wo einst Prinzen residierten, ist schön bummeln (Seite 39)

★ **Yonghe Gong**
Im prunkvollsten Buddhatempel der Stadt wurde an nichts gespart (Seite 46)

★ **Wangfujing**
Ein Bummel über Pekings moderne Shoppingmeile und Fußgängerzone ist ein Muss (Seite 52)

★ **Himmelsaltar Tiantan**
Die größte kaiserliche Opferstätte huldigt den himmlischen Harmonien (Seite 53)

★ **Baiyun Guan**
In Pekings großem Daoistentempel kann man dem Schutzpatron seines Geburtsjahrs opfern (Seite 56)

★ **Sommerpalast Yihe Yuan**
Klassische chinesische Gartenkunst in der Sommerresidenz der Kaiserin Cixi (Seite 60)

(Zhongshan Gongyuan) | Eingang westlich vom Tian'an Men | U-Bahn 1: Tian'anmenxi

4 KAISERPALAST GUGONG ★ [136 A–B 1–2]

Die „Verbotene Stadt", das bedeutendste erhaltene Ensemble klassischer chinesischer Architektur, ist eine Stadt für sich. Unter den kaisergelb glasierten Dächern lebte der Himmelssohn als im Prinzip einziger zeugungsfähiger Mann mit Tausenden von Eunuchen und Frauen – der Kaiserin, Konkubinen, Hofdamen und Zofen. Regelmäßigen Zugang zur „Purpurnen Verbotenen Stadt" – so ihr eigentlicher Name – erhielten ansonsten nur die hohen Beamten und enge kaiserliche Verwandte. Doch selbst die Bewohner konnten sich mit Ausnahme der höchsten Eunuchen im Palast nicht frei bewegen. Hohe Mauern grenzen die einzelnen Bezirke gegeneinander ab. Nach außen hin schützen eine mächtige Mauer und ein breiter Graben das 960 m lange und 750 m breite Areal. Es gibt nur vier Tore, eines in jeder Himmelsrichtung. Ein Teil der Gebäude dient heute als Museum.

Vom ältesten Palast an dieser Stelle, dem der Mongolenkaiser, ist nichts erhalten. Die heutige Anlage wurde im Wesentlichen in den Jahren 1406–20 geschaffen. Auch wenn viele Gebäude später erneuert wurden, wahrt die Verbotene Stadt ganz den würdigen Stil der Ming-Zeit. Von den Mandschu-Kaisern als letzten Hausherren zeugen jedoch die zweisprachigen Schrifttafeln, die an den Dachtraufen auf blauem Grund vom programmatischen Sinn der Baulichkeiten künden.

Die größten und wichtigsten Hallen reihen sich entlang einer Achse, die sich nach Süden und Norden hin durch die Stadt fortsetzt. Zu beiden Seiten der Achse befanden sich in der Südhälfte des Palastareals vor allem Verwaltungs- und Serviceeinrichtun-

Blick auf den Kaiserpalast Gugong, die „Purpurne Verbotene Stadt"

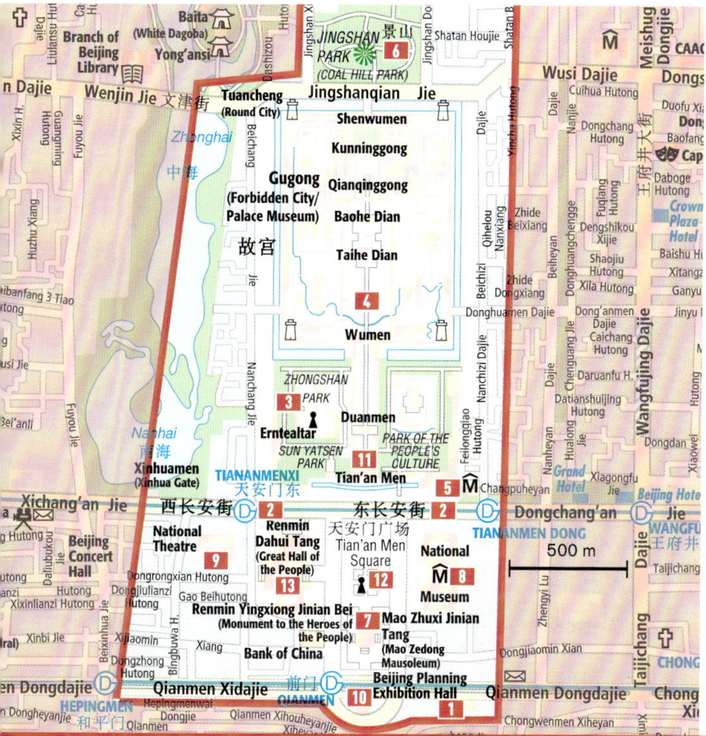

SEHENSWERTES IN DER MITTE

1 Beijing Planning Exhibition Hall
2 Chang'an Jie
3 Erntealtar Shejitan
4 Kaiserpalast Gugong
5 Kaiserstadtmuseum
6 Kohlehügel Jing Shan
7 Mao-Mausoleum
8 Nationalmuseum
9 Nationaltheater
10 Qianmen
11 Tian'an Men
12 Tian'anmen-Platz
13 Volkskongresshalle

gen (z. B. Küche, Druckerei und Bibliothek). In der Nordhälfte dagegen liegen die Wohnviertel. Die gesamte Südhälfte des Palastes war für Frauen tabu, umgekehrt erhielten palastfremde Männer nur selten Zutritt zum nördlichen – „inneren" – Palastteil der Frauen. Nachdem im Februar 1912 die Abdankung des Kindkaisers Puyi erzwungen worden war, wurden 1914 zunächst nur die nicht mehr benötigten Thronhallen zur Besichtigung freigegeben. Erst 1925, nach der endgültigen Vertreibung von Exkaiser und Hofstaat, erhielt die Öffentlichkeit erstmals auch zu den

Wohnpalästen Zutritt, und die ganze Anlage wurde zum Museum erklärt.

Der kaiserliche Zeremonialweg führt vom Tian'anmen-Platz, also von Süden her, durch die Tore Tian'an Men und Duan Men geradewegs auf den mächtigen dreiflügligen Bau des *Mittagstores* (Wumen) zu. Es ist das Haupttor des Palastes und das imposanteste der Stadt. Wie auch bei den anderen Toren der Nord-Süd-Achse war der mittlere Durchgang dem Kaiser vorbehalten. *(Am rechten Flügel Eintrittskartenverkauf für Ausländer)*

Der *Goldwasserbach,* ein geschwungener Wassergraben, der den folgenden Hof durchquert, korrespondiert im Sinne einer kosmischen Harmonie gemäß den Regeln des Fengshui mit dem Aussichtshügel *(Kohlehügel)* nördlich des Palastes. Durch das folgende *Tor der höchsten Harmonie* gelangt man auf den größten Hof und ins bauliche Zentrum der Anlage. Auf einer mächtigen dreistufigen Terrasse erheben sich hier die drei Thronhallen, die nur zu den höchsten Anlässen genutzt wurden. Es sind – von Süden – die *Halle der höchsten Harmonie* (Taihe Dian), die quadratische *Halle der Harmonie der Mitte* (Zhonghe Dian) und die *Halle der Bewahrung der Harmonie* (Baohe Dian). Ihre Namen beschwören den Gleichklang von Herrscher und Untertan, von Mensch und Kosmos. Das Innere der drei Gebäude ist überreich mit Drachen, dem Symboltier des Kaisers, ausgeschmückt.

Auch außerhalb der Hallen ist Symbolik allgegenwärtig: Die achtzehn Weihrauchgefäße an der von Süden heraufführenden Treppe verkörpern die Provinzen des Landes; die Sonnenuhr im Südosten und das Hohlmaß für Korn im Südwesten der Terrasse stehen für die „Maß gebende" Gewalt des Kaisers; Kranich und Schildkröte, die als Weihrauchgefäße dienten, bedeuten langes Leben. Von praktischer Funktion waren dagegen die großen runden Kessel, die sich auch an vielen anderen Stellen im Palast finden: Sie dienten als Löschwasserbehälter. Winters wurde ihr Steinsockel befeuert, um das Wasser am Gefrieren zu hindern.

Die Halle der höchsten Harmonie ist das größte Gebäude im Palast und gilt als größter klassischer Hallenbau des ganzen Landes. Sie wurde zu besonderen Anlässen genutzt: so zum Geburtstag des Kaisers, bei Thronbesteigungen und um die glücklichen

>LOW BUDGET

- > Transport: Leider gibt's beim Eintritt zu den Attraktionen keine Rabatte, nicht einmal für Gruppen. Sparen lässt sich nur bei den Strecken dazwischen. Am billigsten sind Busse und U-Bahnen, danach kommt das Mietfahrrad zum Wochentarif. Die Verleiher an der Wangfujing nehmen 200 Yuan *(nördlich der Dong'anmen Dajie | Tel. 63 13 10 10)* **[136 B2]**. Hotelmieträder und Tagestarife sind meistens deutlich teurer.
- > Parks: Die meisten kosten Eintritt, aber im Trimm-dich-Park nördlich der Jianguomen-Kreuzung *(Westseite des 2. Rings, U-Bahn 1 und 2: Jianguomen)* **[137 D2–3]** stehen sogar Sportgeräte zur freien Benutzung – ganz ähnlich denen, die sonst in Fitnessstudios die Muskeln stählen.

Namen derer zu verkünden, die die höchste Beamtenprüfung erfolgreich absolviert und damit alles erreicht hatten, wovon ein konfuzianischer schaften bewirtet und wurde die Palastprüfung als höchste Beamtenprüfung abgenommen. Die Rampe auf der Rückseite dieser Halle besteht im

Kaiserlicher Kessel: So dekorativ sind die einstigen Löschwasserbehälter im Palast

Gelehrter nur träumen konnte. Zu solch ruhmreichen Gelegenheiten versammelten sich im Hof die Würdenträger, und eine zweihundertköpfige Ehrengarde stand mit Prunkfächern und anderem festlichen Gerät Spalier.

Die zweite Halle mit ihrer umlaufenden Galerie und dem goldenen Knauf auf ihrem Zeltdach war von untergeordneter Funktion. Vor den großen Zeremonien nahm der Kaiser hier beispielsweise die Ehrenbezeugungen hoher Beamter entgegen. Bei der dritten Thronhalle standen praktische Funktionen im Vordergrund. Hier wurden etwa Tributgesandtuntersten Abschnitt aus dem größten Drachenreliefstein des Palastes. Der Kaiser schwebte hierüber in seiner Sänfte hinweg.

Durch das nördlich anschließende Tor betritt man den inneren Teil des Palastes, der zum Wohn- und Frauenbereich gehört. In seinem Zentrum wiederholt sich das Schema der drei Haupthallen in kleinerem Maßstab. Der erste Saal diente den Ming-Kaisern als Wohn-, Schlaf- und persönlicher Empfangsraum. Die Qing-Kaiser nutzten ihn als Audienzraum. Die kleine, mittlere der drei Hallen *(Jiaotai Dian)*, deren Name die fruchtbringende Begegnung zwischen dem

Männlich-Himmlischen und dem Weiblich-Irdischen beschwört, war die Thronhalle der Kaiserin. Ihr Schlafgemach befand sich zur Ming-Zeit in der dritten und nördlichsten der drei inneren Hallen. Die Mandschu-Kaiser, die ihr eigenes, nicht chinesisches Brauchtum mitbrachten, opferten dort zweimal am Tag dem Herdgott zwei Schweine. Östlich grenzt daran das mit reichlich roter Farbe geschmückte Hochzeitszimmer an.

Durch das *Tor des weiblichen Friedens* (Kunning Men) gelangt man anschließend in den Palastgarten mit Pavillons, kuriosen Bäumen, einem künstlichen Felsgebirge, einem Tempel und Wegen aus hübschen Mosaiken. An der Südseite des Gartens ist Gelegenheit, zu rasten und sich zu stärken.

Die Wohngebäude westlich der Achse sind samt Ausstattung erhalten bzw. derart wieder hergerichtet, dass man einen Eindruck vom täglichen Leben im Palast bekommt. In der *Halle zur Geistespflege* (Yangxin Dian) im Süden dieses Bezirks hielt die berühmt-berüchtigte Kaiserin Cixi Hof, die bis zu ihrem Tod 1908 über vier Jahrzehnte lang den Thron praktisch usurpierte und sich rechts in der Halle züchtig hinter einem Vorhang verborgen hielt, wenn die Beamten zum Rapport erschienen. Hinter der Halle liegen die *Sechs westlichen Paläste* (Xi Liu Gong). Es sind kleine Höfe mit den eigentlichen Wohnräumen. Sie wurden von außen beheizt. Bäder und Toiletten gab es nicht.

Ganz im Osten gelangt man zu der prächtigen *Neundrachenmauer* (Jiulongbi) aus farbig glasierten Reliefziegeln. Die Drachen, durch fünf Zehen pro Tatze als kaiserlich ausgewiesen – ansonsten mussten sie mit vier Zehen dargestellt werden –, symbolisieren nicht nur den Himmelssohn, sondern sind generell als ebenso Ehrfurcht gebietende wie Heil bringende Wesen zu verstehen. Ihre Anzahl – drei mal drei – bildet

Drei mal drei Drachen, Glück verheißend und Segen bringend – auf der Neundrachenmauer

die Potenz des ebenfalls Heil bringenden männlichen *yang*-Prinzips. Nördlich der Mauer liegt der vielleicht schönste Teil der Verbotenen Stadt: der *Palast des Altwerdens in Frieden* (Ningshou Gong). Der Qianlong-Kaiser ließ die Anlage 1772–76 errichten und nutzte sie zeitweise, nachdem er sich 84-jährig nach sechzig Jahren Herrschertätigkeit zur Ruhe gesetzt hatte. Sie birgt heute unter anderem die Schatzkammern (siehe unten). Nach Norden hin (westlich der Halle Yangxing Dian) gelangt man in seinen Garten, eine Oase der Ruhe.

Nach der Besichtigung kann man die Verbotene Stadt durch das Nordtor verlassen. Dabei passiert man im nördlichsten Hof dieses östlichsten Palastteiles noch einen typisch chinesischen Brunnen. Mit ihm verbindet sich eine Geschichte: Als der Hof beim Boxeraufstand im Jahr 1900 vor den anrückenden Alliierten fliehen musste, soll die De-facto-Kaiserin Cixi den Eunuchen befohlen haben, die Lieblingskonkubine ihres Neffen, des Kaisers, zu beseitigen. Daraufhin soll das unglückliche Ding in dieses Brunnenloch gestoßen worden sein – offenbar ein Persönchen von feengleicher Zartheit, passt durch das schmale Loch doch gerade ein kleiner Wassereimer.

Die Kaiser waren Chinas größte Kunstsammler. Das meiste wurde von den besten Handwerkern im Lande eigens für den Hof hergestellt, andere Schätze kamen als Tributgeschenke hinzu, manches wurde auch regulär gekauft. Was auf diese Weise im Laufe der Jahrhunderte an Möbeln, Jade, Goldschmuck, Porzellan, Gemälden, Plastiken und Kuriositäten zusammenkam, ist an Größe und Wert schlichtweg unvergleichlich. Die Mehrzahl der Schätze wurde in den Dreißigerjahren des 20. Jhs. in 13 427 Kisten verstaut vor den anrückenden Japanern nach Süden abtransportiert. Damit begann eine wahre Odyssee, an deren Ende der kostbarste Teil der kaiserlichen Sammlung in Taipei auf Taiwan landete, wo sie nun im dortigen Palastmuseum zu sehen ist. Der in Peking verbliebene Rest braucht sich jedoch nicht zu verstecken – weder was die Zahl der Schätze noch was ihren Wert angeht.

Die Exponate befinden sich jedoch nicht in einem zweckgerecht errichteten Museum, sondern verteilen sich auf zahllose Einzelgebäude des Kaiserpalastes, wo sie jahrzehntelang eher lieblos präsentiert wurden – ein Zustand, der teilweise noch anhält. Da heute ein großes Renovierungs- und Restaurierungsprogramm läuft, müssen Teile der Sammlungen immer mal wieder umziehen oder verschwinden auf unbestimmte Zeit im Magazin. Im Zuge dieser Umstrukturierung werden aber auch moderne Ausstellungstechniken eingeführt, vor allem eine gute Beleuchtung und englische Beschriftung.

Malerei aus Ming- und Qing-Zeit: Ein kleiner Teil der Bestände wird im frisch renovierten Wuying-Dian-Komplex gezeigt. Da die Tuschbilder lichtempfindlich sind, wird häufiger gewechselt. *Zugang durch das Seitentor links im ersten Palasthof, weiter geradeaus, dann rechts.* Eine zweite Gemälde- und Kalligrafieausstellung birgt die östliche Nebenhalle des Yanxi Gong. *Südöstlicher der Sechs östlichen Paläste (Dong Liu Gong)*

Buch- und Druckkunst: Zimelien der Palastdruckerei sind in den Seitenhallen des Wuying-Dian-Komplexes zu sehen.

Seidenmalerei und -kalligrafie, Stickarbeiten: Neu konzipierte Ausstellung in der großen mittleren Torhalle auf dem südlichen Palasttor Wumen. *Zugang über die westliche Treppe vom ersten Hof aus*

Zeremonialgerät und Kostüme: Hier sieht man die Ausstattung der großen Zeremonien, wie sie in und vor den großen Thronhallen und an den kaiserlichen Altären stattfanden. *In den westlichen Seitenhallen des ersten Hofs*

„Treasures of the Qing Palace": Unter diesem Titel steht eine thematisch weit gespannte Ausstellung in den westlichen Seitenhallen der großen Thronhallen. Zu sehen sind Waffen, Musikinstrumente, Gebrauchsgegenstände, wissenschaftliches Gerät (zur Himmelsbeobachtung und Kalenderberechnung), Tributgaben und Geschenke an den Palast, Produkte der Palastwerkstätten und anderes mehr.

Uhren und Automaten: Eine sehr schöne und in den an sich schon eindrucksvollen Bauten des Fengxian-Dian-Komplexes auch schön präsentierte Schau. Das meiste sind Prunkuhren europäischer Provenienz, die als Tributgeschenke hoch willkommen waren. Die riesige chinesische Wasseruhr gleich vornan rechts ist als Pavillon gestaltet. In der Mitte der hinteren Halle werden einige Spieluhren mehrmals täglich vorgeführt. *Sondereintritt 10 Yuan*

Schatzkammern: Prunkgewänder, Goldgefäße für Hofzeremonien, schmucküberladene Reliquienpagoden – nicht immer das Geschmackvollste, aber durchweg beeindruckend. Ein typisch chinesisches Material beim Kopfschmuck sind leuchtend blaue Eisvogelfedern, die zurechtgeschnitten und aufgeklebt werden. In der hinteren Schatzhalle folgen Jadeschmuck, Tischaufsätze, Glückszepter und Kuriositäten. *Sondereintritt 10 Yuan | im Ningshou Gong*

Theatersammlung: Sinnreich untergebracht in der Zuschauergalerie des Palasttheaters von 1776 mit seiner doppelstöckigen Bühne. Zu sehen sind Kostüme und Illustrationen. *Östlich des Hofes hinter dem Tor Yangxing Men*

Interieur: Kleiner Teil der einst gezeigten Möbelsammlung. Sehenswert sind die Halle Yangxing Dian und das Schlafzimmer der Kaiserinwitwe Cixi in der Halle Leshou Tang.

An deren Nordausgang trifft eine ungeheuer kostbare, im künstlerischen Wert freilich eher zweifelhafte monumentale Jadeplastik den Zeitgeschmack ab dem späten 18. Jh. Sie stellt den Urkaiser Yu inmitten einer phantastischen Berg-Wasser-Szenerie als Bezwinger der Fluten dar. Allein der Transport des Steins aus der Provinz Xinjiang in Zentralasien nach Peking soll drei Jahre gedauert haben. *Nördlich des Tores Yangxing Men*

Siegel: Kaiserliche Siegelstempel – persönliche wie amtliche – finden sich hier verteilt auf zwei Hallen. *Jingren Gong (südwestlicher der Sechs östlichen Paläste)*

Porzellan: Derzeit ist nur eine stark reduzierte Schau zu sehen; instruktive Scherbensammlung. *Westliche Nebenhalle des Yanxi Gong (südöstlicher der Sechs östlichen Paläste)*

Altchinesische Bronze: Die kostbaren Ritualgefäße aus den Dynastien Shang und Zhou (ca. 16.–3. Jh. v. Chr.) beeindrucken auch heute noch. *Chengqian Gong (mittlerer westlicher der Sechs östlichen Paläste)*

Jade: Erstklassige Sammlung, leider noch immer lieblos präsentiert. Wer in den beiden Hallen jeweils links beginnt, kann sehr gut die Stilentwicklung über mehr als drei Jahrtausende verfolgen. *In den nördlichen der Sechs östlichen Paläste (Dong Liu Gong)*

Cloisonné: Diese aus Vorderasien stammende Emailkunst entwickelte sich in China seit dem 15. Jh. zu höchster Blüte. *In den östlichen Nachbarhöfen der Jadesammlung*

Bei der Palastbesichtigung sind die Heerscharen von Besuchern eine zusätzliche Attraktion. Ob flotte Jungunternehmer oder schüchterne

Ein Himmelsglobus aus Gold und Perlen im Kaiserpalast

Bauern, ob hochnäsige Funktionäre auf Dienstreise oder Uighuren aus Zentralasien – den Kaiserpalast lässt sich niemand entgehen, der in die Hauptstadt kommt.

Es ist unmöglich, alle Teile des zum Unesco-Welterbe zählenden Palastes einschließlich der Ausstellungen an einem einzigen Tag kennenzulernen. Am besten setzt man zwei halbe Tage an, um einen Überblick zu erhalten. Dringender Rat: bei Toröffnung da sein. Etwa ab 9.30 Uhr wird es richtig voll. Leider gibt es auf dem ganzen Gelände kein vernünftiges Restaurant und nur bescheidene Imbissangebote. *März–Okt. tgl. 8.30 bis 17 Uhr, sonst tgl. bis 16.30 Uhr, Einlass bis 16 bzw. 15.30 Uhr | Eintritt 60 Yuan, Schatzkammern (mit Theater) und Uhrensammlung zusätzlich je 10 Yuan | Audioführung mit gut formulierten Erklärungen 40 Yuan*

5 KAISERSTADTMUSEUM [136 B3]

Die freundliche gemachte, kleine Ausstellung informiert über die Kulturgeschichte des einst separat ummauerten Areals rund um den Palast. Ein Modell im Maßstab 1:500 zeigt die Kaiserstadt des 18. Jhs. *Huangcheng Yishuguan | tgl. 10–17.30 Uhr | Eintritt 20 Yuan | im Park der Kaiserstadtmauer westlich der Nanchizi Dajie | U-Bahn 1: Tian'anmendong*

6 KOHLEHÜGEL JING SHAN [132 A–B5]

Der Gipfel des künstlichen Hügels liegt genau auf Pekings Nord-Süd-Achse unmittelbar nördlich vom Kaiserpalast und bietet das beste Stadtpanorama. *Jingshan* bedeutet „Aussichtshügel", die Bezeichnung „Kohlehügel" soll sich auf Kohlevorräte beziehen, die man einst an seinem Fuß lagerte. Die Anhöhe entstand aus dem Aushub beim Bau des Palastgrabens. Der Jingshan ist die schönste Stelle, um den Pekingern frühmorgens bei vielerlei Frühsport – wie Schattenboxen, Schwertübungen oder Aerobic – zuzuschauen. Dann wird Musik gemacht, und zuweilen gibt's auch Wiener Walzer. Andere treffen sich auf dem Gipfel zum Urschrei-Qigong. Samstagvormittags ist allgemeines Chorsingen. *Tgl. 6 bis 22 Uhr, im Winter 7–20 Uhr*

Insider Tipp

7 MAO-MAUSOLEUM [136 A3]

Zu sehen ist zwar nur ein einziges Exponat, doch der inszenatorische

Gedenken an den großen Vorsitzenden: am Mao-Mausoleum

Aufwand, den man für den konservierten Landesvater trieb, ist gewaltig. Der Bau, der – ausgerechnet – dem architektonischen Vorbild des Lincoln Memorial in Washington D. C. folgt, hat die Maße einer mittleren Kongresshalle. Wie im Falle Lincolns muss der Eintretende zu einer überlebensgroßen Marmorstatue des Verehrungswürdigen aufblicken, der hier milde lächelnd vor einer chinesischen Ideallandschaft sitzt. Dahinter, im Allerheiligsten, liegt der Leichnam zwischen zwei Rabatten aus Plastikblumen in einem Glassarg, halb zugedeckt von der Landesflagge. Mehr als ein flüchtiger Blick auf die Mumie ist aus mehreren Metern Entfernung im Dämmerlicht nicht zu erhaschen. Ob hier wirklich der alte Mao oder auch mal jene Wachsfigur liegt, die man dem Bekenntnis von Maos Leibarzt zufolge sicherheitshalber angefertigt hat, bleibt ein Geheimnis. Von Anfang an gab es Probleme, den Unsterblichen vor der Verwesung zu bewahren.

Das Mausoleum wurde 1976/77 innerhalb eines Jahres nach dem Tod des großen Vorsitzenden fertiggestellt. Alle Provinzen des Landes haben sich mit Materialien und Arbeitskräften darin verewigt. Wie die Thronsäle im Kaiserpalast steht der Bau Ehrfurcht gebietend auf hohem Podest, und wie jene liegt er genau auf der alten Nord-Süd-Achse der Stadt – vis-a-vis dem Staatssymbol Tian'an Men. Auch Mao selbst liegt auf dieser Achse. Ob er diese postume Einordnung ins imperiale Vermächtnis begrüßt hätte, brauchte nach seinem Tode niemanden zu kümmern. Entscheidend war die Botschaft des Baus: China ist Mao, und Mao ist Chinas Heiligtum.

Früh übt sich am Jing Shan, wer fit und gelenkig bleiben will

Innen herrscht strenges Rede- und Fotografierverbot. Kameras und Taschen sind neben dem Nationalmuseum zur Aufbewahrung abzugeben, ehe man sich in die Schlange einreiht. *Tgl. 8.30–11.30 Uhr, Sept. bis Juni auch 14–16 Uhr | Eintritt frei | Tian'anmen-Platz, Südseite | U-Bahn 2: Qianmen*

8 NATIONALMUSEUM [136 B3]

So lautet seit 2003 der Name des gewaltigen Museumspalastes auf der Ostseite des Tian'anmen-Platzes. Die Umbenennung der einstigen Museen der chinesischen Revolution und der chinesischen Geschichte war der erste Schritt zu einer Neukonzipierung: Der 1961 eröffnete Bau wird umgestaltet und von 65 000 m² auf 170 000 m² Fläche erweitert. Dann werden die Kulturleistungen des al-

Das Nationaltheater im Abendlicht

ten China noch wirkungsvoller – und mit moderner Ausstellungstechnik – hervorgehoben. Wenn das Projekt fertig ist (nicht vor 2009), wird das Museum zu den größten der Welt zählen. Dass es auch vom Auftreten und vom Ansehen her in der ersten Liga mitmischen will, wurde mit einem internationalen Architektenwettbewerb unterstrichen. Den ersten Preis, der nun realisiert wird, gewann 2004 das Hamburger Büro gmp (Entwürfe unter *www.gmparchitekten.de*). *Derzeit geschl. | U-Bahn 2: Qianmen, U-Bahn 1: Tian'anmendong*

9 NATIONALTHEATER [136 A3]

Ein soeben gelandetes Riesen-Ufo? Der 2007 fertiggestellte, linsenförmige Bau, den der Franzose Paul Andreu entwarf, war und ist höchst umstritten – aber zweifellos unterstreicht dieses spektakuläre Stück Architektur eindrücklich Chinas Ambitionen, sich auch kulturell als Avantgarde zu präsentieren. *www.nationalgrandtheater.com*

10 QIANMEN, VORDERES TOR [136 A–B3]

Dieses größte der alten Stadttore liegt auf Pekings Nord-Süd-Achse. Es bildete den zentralen und wichtigsten von drei Durchgängen in jenem Teil der Stadtmauer, der die nördliche Innere Stadt von der südlichen Vorstadt mit dem Hauptgeschäftsviertel trennte. Die erhaltenen Torbauten, heute zwei separate Gebäude, waren einst durch zwei bogenförmige Mauern miteinander verbunden und bildeten eine nach Süden vorspringende Bastion mit einem großen Hof in der Mitte. Der Durchgang im Südturm, an dem noch der offizielle Torname „Zhengyang Men" steht, war dem Kaiser vorbehalten; das einfache Volk benutzte zwei weitere Durchgänge in den 1916 abgerissenen Verbindungsmauern. Aller Verkehr musste sich jedoch durch den einzigen Durchgang unter dem 42 m hohen nördlichen Torturm zwängen. Die Aufbauten dienten als

Geschütz- und Wachtürme sowie als Kasernen. Im Turmaufbau des nördlichen Tors ist eine Fotoausstellung mit Bildern aus dem alten Peking zu sehen. *U-Bahn 2: Qianmen*

Insider Tipp

11 TIAN'AN MEN, TOR DES HIMMELSFRIEDENS [136 A2–3]

Bei Pekings berühmtestem Tor handelt es sich um das Südtor der einstigen „Kaiserstadt", deren annähernd rechteckige Ummauerung den Kaiserpalast in der Mitte als zusätzlichen Schutzwall umgab. Bis auf die Teilstücke, die zu beiden Seiten an das Tian'an Men anschließen, wurde die Kaiserstadtmauer schon in den Zwanziger- und Dreißigerjahren des 20. Jhs. abgerissen. Das Tian'an Men dagegen stieg zum Wahrzeichen des neuen China auf, nachdem Mao am 1. Oktober 1949 von hier aus die Gründung der Volksrepublik China proklamierte. Auch im Staatswappen ist es enthalten. Das Bauwerk mit seinen fünf Durchgängen stammt aus dem Jahr 1417. Es wurde nur zu besonderen Anlässen geöffnet. Von oben wurden kaiserliche Erlasse in einem goldenen Phönix herabgelassen und unten von knienden Beamten entgegengenommen. *Tgl. 8.30–16.30 Uhr | Eintritt 15 Yuan | im Norden des Tian'anmen-Platzes | U-Bahn 1: Tian'anmendong, Tian'anmenxi*

12 TIAN'ANMEN-PLATZ ★ [136 A–B3]

Pekings zentraler „Platz am Tor des Himmelsfriedens" gilt als größter innerstädtischer Platz der Welt. Er ist symbolbehaftet wie wenige andere Orte.

Der Platz wurde 1958/59 für die Massenaufmärsche zum zehnjährigen Staatsjubiläum angelegt. Seine 30 ha Fläche sind groß genug für eine halbe Million Menschen. Als neue, monumentale Randbebauung entstanden gleichzeitig die *Volkskongresshalle* (Chinas Parlamentssitz) im Westen und das *Nationalmuseum* auf der Ostseite. In der Mitte – genau auf Pekings großer Nord-Süd-Achse – erhebt sich auf einer gestuften Terrasse die *Gedenkstele der Volkshelden* mit Reliefszenen aus der Geschichte vom Opiumkrieg bis 1949. Seit die Mongolen Peking zur Haupt-

> BÜCHER & FILME

Ansichten und Einsichten von gestern und heute

- > **Atmen einstellen, bitte!** – Überaus witzige Reportagen über die großen und kleinen Absurditäten des chinesischen Alltags hat Kai Strittmatter verfasst.
- > **Stadt der Steine** – In dem Roman von Guo Xiaolu dringen in das moderne Pekinger Leben Kindheitserinnerungen aus einem südchinesischen Fischerdorf ein.
- > **Als Peking noch ummauert war** – Erinnerungen an das Peking von einst hielt Walter Exner fest.
- > **Der letzte Kaiser** – Das Leben am Kaiserhof setzte Bernardo Bertolucci filmisch ins Bild.
- > **Beijing Bicycle** – Wang Xiaoshuai brachte 2001 die sozialen und baulichen Gegensätze in der Metropole auf die Leinwand.

stadt gemacht hatten, blickten die Kaiser von ihren Thronen 700 Jahre lang nach Süden durch einstmals sieben Tore hindurch sinnbildlich gesehen geradewegs in ihr Reich hinein. Nunmehr aber müssen die verstorbenen Majestäten auf der Nordseite der 38 m hohen Stele in Maos Handschrift die Worte lesen: „Die Volkshelden sind unsterblich." Im Süden erhielt der Platz einen städtebaulich wenig überzeugenden Abschluss erst 1976/77 durch das *Mao-Mausoleum.*

Im Zentrum der Hauptstadt: der Tian'anmen-Platz mit dem „Tor des Himmelsfriedens"

Mit dem gegenüberliegenden Tor Tian'an Men versammeln sich hier also lauter Bauten, die in Erinnerung an die leidvolle jüngere Geschichte Chinas und den großen Sieg der Kommunistischen Partei die nationale Identität des Landes prägen. So ist es nur natürlich, dass die Sorge um die Geschicke Chinas auch die oppositionellen Kräfte immer wieder auf diesen Platz treibt. Die blutige Niederschlagung der Studentenbewegung am 4. Juni 1989 hat die Symbolkraft des Ortes noch verstärkt. Seit 1999 sind die Sicherheitskräfte hier unzählige Male gegen die missliebige Falungong-Sekte vorgegangen.

Es ist typisch für die Widersprüche der KP-Herrschaft, dass hier anderer studentischer Demonstranten ganz offiziell gedacht wird. Schon zu Kaisers Zeiten existierte vor dem Tian'an Men eine größere Freifläche, die aber ummauert und gewöhnlich abgesperrt war. Als nach dem Ende des Mandschu-Reichs 1912 die Allgemeinheit Zutritt erhielt, war sie der einzige für größere Menschenansammlungen geeignete Platz in der Hauptstadt. Am 4. Mai 1919 protestierten Studenten hier gegen den Ausverkauf nationaler Interessen durch ihre eigene Regierung auf der Friedenskonferenz von Versailles. Weit mehr als die Revolution und das Ende der Monarchie markiert jene Bewegung des Vierten Mai die antikonfuzianische Hinwendung einer modernen Generation von Chinesen zu den Idealen von Demokratie und Wissenschaftlichkeit, kurz: Chinas Aufbruch ins 20. Jh.

Jahrelang ließen die Pekinger hier ihre Drachen steigen, aber das ist nun verboten. Dafür kommen Chinesen auf Hauptstadtbesuch zum Sonnenaufgang her, um das Fahnenhissen zu erleben: pünktlich auf die Sekunde! *U-Bahn 2: Qianmen*

13 VOLKSKONGRESSHALLE [136 A3]

Der 1959 fertiggestellte Monumentalbau an der Westseite des Tian'anmen-Platzes ist Sitz des Nationalen Volkskongresses, also des chinesischen Parlaments, das freilich nur ein-, zweimal im Jahr zusammentritt. Außerdem finden hier Staatsbankette und andere staatliche Großveranstaltungen statt. Ansonsten steht das von altägyptischem Tempelstil inspirierte Bauwerk zur Besichtigung offen. Der Rundgang gibt Einblick in mehrere prunkvoll ausgestattete Provinzsäle, führt durch den Hauptversammlungssaal mit seinen 9700 Plätzen – der Volkskongress belegt davon nur rund 30 Prozent –, das zentrale Treppenhaus (mit riesigem Landschaftsgemälde und einer Kalligrafie von Mao Zedong) sowie den Bankettsaal (mit Imbiss). Der Weg zurück zum Ausgang geht durch ein unterirdisches Kaufhaus, in dem Sie ein neues Sammelgebiet entdecken können: Politkitsch. *Zeiten wechselnd, oft Mo bis Fr 8.30–15, Sa, So 9–13 Uhr | Eintritt 30 Yuan (Kasse an der Südostecke, dort auch Taschenaufbewahrung) | U-Bahn 2: Qianmen, U-Bahn 1: Tian'anmenxi*

NORDEN & NORDWESTEN

> Hier ist Peking am schönsten. Das Wasser macht's: der Beihai-Park mit dem Nordsee und die Hinteren Seen [131 F3–4, 132 A3–4]**, Pekingern als ★ Shichahai bekannt.** In ihrer Umgebung verwandelt sich die slumartige Altstadt derzeit in die bevorzugte Wohngegend zurück, die sie zu Kaisers Zeiten schon einmal war. Hier wohnten Prinzen, Politiker, Literaten und andere Persönlichkeiten von Rang und Namen. Einige ihrer Anwesen blieben erhalten. Ihre klassischen Hofhäuser und Gärten künden ebenso von ihrem Wohlstand wie von ihrem Geschmack und sagen mehr aus über das Leben im alten Peking als der Kaiserpalast. Das Gassen- und Hofhausviertel, gut für ausgedehnte Spaziergänge, soll sein Aussehen auf Dauer bewahren; Neubauten werden vorzugsweise in alten Formen und Materialien errichtet. Die Gegend ist aber alles andere als museal: Hier treibt Pekings lebendigste Kneipenszene bunte Blüten und lockt schon tagsüber zur Rast mit Seeblick – im Sommer gar mit Freiluftsofas an der Uferkante.

NORDEN & NORDWESTEN

Im Beihai-Park: Blick von den Fünfdrachenpavillons zur weißen Dagoba

Insider Tipp Mehrere Firmen bieten Rundtouren per Rikscha an: eine stilvolle Art, die Gegend zu erleben. Seriös und zuverlässig ist *Tianlutong (ab 180 Yuan | Houhainanyan | Tel. 66 18 72 12 | tianlutong2002@sina.com)* [132 A4], auch über viele Hotels buchbar. Preisgünstiger geht es zu Fuß mit dem Spaziergang Nr. 2 aus diesem Buch.

1 BAITA SI [131 E5]

Das „Tempelkloster der weißen Pagode“ hat seinen Namen nach der größten Flaschenpagode der Stadt. Der in einer alten Wohngegend gelegene Bau entstand 1271 auf Geheiß des Mongolenkaisers Kublai Khan und ist damit das älteste Bauwerk im ganzen Altstadtbereich. Architekt war ein Nepalese. Der 51 m hohe, im alten Peking weithin sichtbare Turm führte den Einwohnern vor Augen, wer in der neuen Hauptstadt des Mongolenreichs auch in religiöser Hinsicht den Ton angab. Besonders schön vom nur teilweise erhaltenen Figurenschmuck: die 18 Götter in der zweiten Haupthalle. *Tgl. 9–17 Uhr | Eintritt 20 Yuan | Fuchengmennei Dajie | U-Bahn 2: Fucheng Men*

2 BEIHAI-PARK [132 A4–5]

Der einstige kaiserliche Garten ist Pekings beliebteste Grünanlage. Mit seinem 68 ha großen *Nord-See* (Beihai), der den größten Teil des Parks ausmacht, lockt er im Sommer zum Bootfahren und im Winter zum Schlittschuhlaufen. Die zentrale Lage sowie die vielen hübschen Pavillons und andere Bauten aus der Kaiserzeit tragen das ihre zur Attraktivität des Parks bei. Besonders schön ist es im Hochsommer, wenn der Lotos blüht.

Westlich des Südeingangs befindet sich das *Runde Fort* (Tuancheng), ein kleiner, von einer Mauer eingefasster Hügel, auf dem einige Kunstschätze ausgestellt sind, darunter eine Jadebuddhafigur und eine

SEHENSWERTES IM NORDEN & NORDWESTEN

1 Baita Si
2 Beihai-Park
3 Geologisches Museum
4 Mei-Lanfang-Haus
5 Residenz des Prinzen Gong
6 Residenz Song Qinglings
7 Trommel- und Glockenturm
8 Xu-Beihong-Museum

große Jadeschüssel, die Kublai Khan im Jahr 1265 als Geschenk erhielt.

Über eine Brücke führt der Weg zur *Insel Qiongdao*, auf der sich das Wahrzeichen des Parks, die Weiße Dagoba, erhebt, eine 36 m hohe Flaschenpagode in indisch-tibetischem Stil. Sie wurde 1651 errichtet, als Willkommensgruß für den Dalai Lama, der zum ersten Mal auf Staatsbesuch nach Peking kam. Die Dagoba gehört zu dem kleinen *Tempel des ewigen Friedens* (Yong'an Si) am Fuß der Anhöhe. Die imperiale Tradition wird bei Speisen und Ambiente nach wie vor im *Fangshan-*

Restaurant am Nordufer der Insel gepflegt. Die Räumlichkeiten gehören zur *Halle des Wellengekräusels,* einem früheren Lustschlösschen.

Die wohl schönste Stelle im Park sind aber die luftigen *Fünfdrachenpavillons* am Nordwestufer mit seinem Seepanorama. Nordöstlich davon steht eine der zwei Pekinger Neundrachenmauern. *Tgl. 6–22 Uhr, im Winter 6.30–20 Uhr | Rundes Fort tgl. 9–17 Uhr*

3 GEOLOGISCHES MUSEUM [131 E5]

Der Museumsneubau birgt eine große, modern präsentierte Sammlung mit Fossilien und Edelsteinen, darunter mineralogische Exponate zur Jade. *Di–So 9–16.30 Uhr | Eintritt 30 Yuan | Yangrou Hutong 15*

4 MEI-LANFANG-HAUS MEI LANFANG JINIAN GUAN [131 F4]

Der größte Pekingopernstar aller Zeiten verlebte die letzten zehn Jahre bis zu seinem Tod 1961 in einem stattlichen, 700 m^2 großen Anwesen traditioneller Pekinger Bauart. Ein Teil der Einrichtung blieb erhalten. Eine Ausstellung informiert über den großen Darsteller zarter Frauenrollen. *16. April–31. Okt. Di–So 9–12, 13 bis 16 Uhr | Huguo Si Jie 9*

Insider Tipp

5 RESIDENZ DES PRINZEN GONG GONG WANGFU [132 A4]

Prinz Gong (1833–98) war eine der großen Politikerpersönlichkeiten der späten Qing-Zeit; unter anderem gründete er das erste „moderne" Außenministerium Chinas. Von seiner fürstlichen Residenz blieben der große klassisch-chinesische Garten mit Teich, Pavillons, Wandelgängen und einem künstlichen Felsengebirge sowie, als besonderes Schmuckstück, sein Privattheater erhalten. *Tgl. 8.30 bis 16.30 Uhr | Eintritt 20 Yuan | Liuyin Jie/Qianhai Xijie*

6 RESIDENZ SONG QINGLINGS SONG QINGLING GUJU [131 F3]

Die große alte Dame der KP Chinas und Frau des Republikgründers Sun Yatsen lebte hier, am Ufer des Sees Houhai, von 1963 bis zu ihrem Tod 1981. Die großen, samt Einrichtung erhaltenen Wohngebäude sind neuzeitlich, doch der schöne Garten zeugt noch von klassischer Lebensart: Zur Kaiserzeit residierte hier ein Prinz. *Tgl. 9–16.30 Uhr | Eintritt 20 Yuan | Houhai Beiyan 46*

7 TROMMEL- UND GLOCKENTURM [132 A3–4]

Die mächtigen Bauten, die auf das Jahr 1420 zurückgehen, markieren das Nordende von Pekings großer Nord-Süd-Achse. Beide sind zu besteigen, wenn auch über halsbrecherische, finstere Treppen. Die gewaltigen Instrumente, die die Tages- und Nachtzeiten verkündeten, sind noch zu sehen. Im südlichen Trommelturm stand einst auch eine große Wasseruhr, die der Hauptstadt das von Glocke und Trommel verkündete Zeitnormal lieferte. Von oben hat man einen guten Rundblick auf das alte Gassenviertel. *Gulou, Zhonglou | tgl. 9–16.30 Uhr | Eintritt 20 Yuan bzw. 15 Yuan | am Nordende der Di'anmenwai Dajie | U-Bahn 2: Gulou*

8 XU-BEIHONG-MUSEUM [131 E3]

Der Maler Xu Beihong (1895–1953) ist vor allem für seine Pferdebilder bekannt, die in traditioneller Tuschtechnik ausgeführt und seither vielfach imitiert wurden. Wie die Schau zeigt, malte er als vielseitiger Künstler jedoch auch andere Motive und in anderen Techniken. Das 1983 erbaute Museum verfügt über 1200 Bilder des Meisters und 10 000 von Xu gesammelte Gemälde anderer Künstler. *Di–So 9–16 Uhr | Xinjiekou Beidajie 53 | U-Bahn 2: Jishuitan*

Im Trommelturm: Die größte Trommel hat einen Durchmesser von 1,50 m

NORDOSTEN

> Die Nordostecke der Inneren Stadt lässt kein Pekingtourist aus, gehört der Lamatempel Yonghe Gong, eine kaiserliche »Hofkirche«, doch ins Standardprogramm. Die meisten haken die Gegend damit ab – ein großer Fehler, schließlich liegen drei weitere kaiserliche Komplexe in bequem fußläufiger Entfernung. Das weitläufige Gelände des Erdaltars jenseits des alten Stadtgrabens befand sich einst außerhalb der Stadt, es erhielt einen direkten Zugang von Süden her erst mit dem Abriss der Stadtmauer. Heute isoliert die autobahnähnliche 2. Ringstraße Pekings Nordostecke fast wie einst die Mauer, mit der Folge, dass noch recht viel Altstadtambiente erhalten blieb. Vor allem östlich des Lamatempels lohnt ein Bummel durch die alten Gassen.

1 ERDALTAR DITAN [132 C2]

Das Pendant zum Himmelsaltar: Er liegt nicht südlich, sondern nördlich der Stadt, ist nicht nach Süden, son-

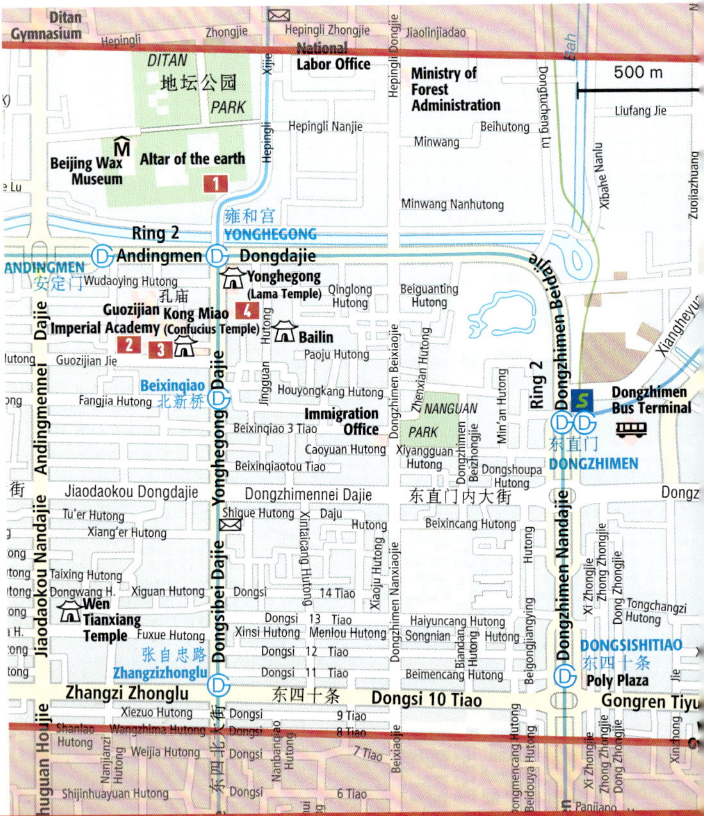

SEHENSWERTES IM NORDOSTEN

1 Erdaltar Ditan
2 Kaiserliche Akademie
3 Konfuziustempel
4 Yonghe Gong

dern nach Norden ausgerichtet, die Terrasse ist nicht rund, sondern quadratisch (entsprechend der Vorstellung von einer quadratischen Erdscheibe), die Glasuren sind lehmig gelb statt himmlisch blau, und die Zahl der Stufen wie auch der Steinplatten an den Seiten ist gerade (*yin* wie die Erde) und nicht ungerade (*yang*). Hier brachte der Kaiser zur Sommersonnenwende, wenn das *yin* am schwächsten ist, ein großes Speise- und Trankopfer dar. Gehen Sie vom Südeingang aus um den Altar herum, und durchschreiten Sie die Anlage von Norden her. In der Halle auf der Südseite stehen die „Geistertafeln" der Berge und Gewässer, denen das Opfer ebenfalls galt.

Das weitläufige Parkgelände ist mit knorrigen Lebensbaumzypressen bestanden. Im Morgengrauen kommen die Anwohner zur Frühgymnastik. (Insider Tipp) *Tgl. 8–16.30 Uhr, im Sommer bis 18 Uhr | Ditan-Park | U-Bahn 2: Yonghe Gong*

2 KAISERLICHE AKADEMIE [132 C3]

An Pekings einziger Straße, über die sich noch Schmucktore spannen, liegt neben dem Konfuziustempel die höchste Staatsschule des Kaiserreichs. Das Zentrum der schönen, ruhigen Anlage ist als Abbild der Welt gestaltet: Ein Wasserbecken, das das Weltmeer verkörpert und kreisrund wie der Himmel ist, umschließt eine quadratische Terrasse – die Erde. Darauf erhebt sich eine quadratische Halle, in der der Kaiser den Beamten die konfuzianischen Klassiker erläuterte. Sie wurde 1784 vollendet. *Guozijian | tgl. 8.30 bis 16.30 Uhr | Guozijian Jie | U-Bahn 2: Yonghe Gong*

3 KONFUZIUSTEMPEL (Insider Tipp) [132 C3]

Anders als buddhistische oder daoistische Tempelklöster, in denen Mönche oder Nonnen leben und sich das Volk zum Beten und Opfern einfindet, waren die Konfuziustempel Stätten des Staatskultes. Hier opferten die Beamten – in Peking gar der Kaiser persönlich. Der lange, komplizierte Ritus dauerte von Mitternacht bis zum Morgengrauen. Zahlloses Personal und Würdenträger waren beteiligt. Im Schein der Fackeln erklang eine uralte Zeremonialmusik. All dies geschah auf der großen Terrasse vor der mächtigen Haupthalle. Das Opfergerät, darunter kostbare alte Musikinstrumente, ist in der Halle noch zu sehen, ebenso die Seelentafeln von Konfuzius und seinen Schülern.

Die frisch renovierte Anlage kommt heute besser zur Geltung denn je. Ihre weiten Höfe sind mit uralten Lebensbaumzypressen bestanden. In deren Schatten wurden auf

Schmucktor vor der Kaiserlichen Akademie

beiden Seiten des Vorhofs auf 198 Inschriftenstelen die Namen aller 51 624 Konfuzianer verewigt, die seit dem 14. Jh. die höchste Staatsprüfung bestanden hatten – bis zu deren Abschaffung 1904. Jenseits des Westflügels verzeichnen 189 Steinplatten aus dem Jahr 1794 den ganzen Text des konfuzianischen Schriftenkanons. Gegenüber können Sie im *Eatea-Teehaus* stilvoll rasten. *Kong Miao | tgl. 9–17 Uhr, Einlass bis 16.30 Uhr | Guozijian Jie | U-Bahn 2: Yonghe Gong*

4 YONGHE GONG ★ [132 C3]

Der Lamatempel Yonghe Gong ist Pekings größtes und prächtigstes Tempelkloster – er zählt zu den allerersten Attraktionen der Stadt, auch wenn er erst 1744/45 gegründet wurde. Dem Kaiserpalast oder dem Himmelsaltar hat der „Palast der Harmonie" sogar eines voraus: Er ist kein Museum, sondern wird noch von Mönchen bewohnt. Er war ein Projekt der Mandschu-Kaiser – die gelb glasierten Dachziegel zeugen davon –, und um zu dokumentieren, dass das zuvor einverleibte Tibet und die ebenfalls lamaistischen Mongolen im Reich gut aufgehoben seien, mochte der Hof nicht knausern. Die Verbindung von tibetisch-mongolischem Lamaismus und chinesischer Kultur nimmt hier vielfache Gestalt an. Die Inschriftentafeln an den Hallendächern sind viersprachig: chinesisch, mongolisch, tibetisch, mandschurisch.

Schon der Auftakt ist prunkvoll: Drei große Schmucktore umstehen den Vorplatz. Eine 160 m lange Zuwegung schafft Abstand zum Staub der Straße. Jenseits eines weiteren Tors überquert man einen Hof, auf dem Glocken- und Trommelturm sowie zwei Stelenpavillons stehen. In der ersten Halle, ganz chinesisch, zürnen die großartigen Wächtergottheiten der vier Himmelskönige dem Bösen. Dämonen winden sich unter ihren Füßen. In der Mitte lacht der Dickbauchbuddha die Eintretenden verheißungsvoll an, und rückwärtig wacht Weituo als Schützer der Lehre

> BLOGS & PODCASTS

Gute Tagebücher und Files im Internet

- > *www.thatsbj.com* – Das englische Stadtmagazin bietet unter dem Reiter »Magazin« seinen eigenen Pekingblog zu Kultur und Veranstaltungen sowie unter »Links«/»Blogs & BBS« eine Liste weiterer englischsprachiger Blogs zu einer Vielzahl von Themen. Auch der »Rest« des Internetauftritts verdient Beachtung.
- > *http://china-empire.blogspot.com* – Bebilderter englischer Blog mit Kurzberichten zu Tourismus und Kultur.
- > *www.pekingblog.hochparterre.ch* – Deutschsprachig – die Klagen eines in Peking arbeitenden Schweizers.
- > *http://german.cri.cn/inet/index.htm* – Chinas Internetradio, deutsch – mit Schlagern und Sprachkurs.

Für den Inhalt der Blogs & Podcasts übernimmt die MARCO POLO Redaktion keine Verantwortung.

über das Tempelinnere. Den nächsten Hof schmücken ein gewaltiges Weihrauchgefäß, ein Stelenpavillon mit viersprachiger Inschrift „Der Lamaismus" von 1792 sowie eine Bronzeplastik des Weltenberges Meru, auf dem die Götter, die Bodhisattvas und die Buddhas wohnen.

Deren Heiligkeit schauen Sie in den zwei nächsten Hallen. In der ersten thronen die Buddhas der Drei Zeitalter auf ihren Lotosblüten, flankiert von den 18 Luohan. In der folgenden Halle sitzen als weitere goldene Trias der Buddha des langen Lebens, der Medizinbuddha und der Buddha des Löwengebrülls, dessen Erweckungsruf weltweit vernehmbar ist. Einen Hof weiter dringt äolisches Klingen ans Ohr: Oben an der Lehr- und Versammlungshalle hängen vom Wind bewegte Glöckchen. Das Innere wird von einem 6 m großen Bronzebildnis Tsongkhapas beherrscht. Dieser stiftete um 1400 die Schulrichtung der Gelbmützen (Gelugpa), die seither im Lamaismus dominiert. Unter riesigen Wandbildern sieht man Kästen mit heiligen Schriften. Für den Dalai Lama und den Panchen Lama stehen zwei goldgelb bezogene Thronsessel bereit. In den beiden seitlichen Hallen sind kostbare Geschenke ausgestellt, die das Kloster im Laufe der Zeit empfing.

Betreten Sie die letzte Halle, so finden Sie sich wieder als kleiner Erdenwurm zu Füßen eines riesigen, durch alle drei Geschosse aufragenden Maitreya-Bodhisattva in tibeti-

Süßer Rauch für die höheren Mächte: im Lamatempel Yonghe Gong

schem Stil. Der Sandelbaumstamm, aus dem er in einem Stück gefertigt worden sein soll, war eine Dankspende des siebten Dalai Lama an den Qianlong-Kaiser, der in Tibet eine Revolte hatte niederschlagen lassen. Die Schnitzarbeit wurde an Ort und Stelle erledigt und die Halle um die Figur herum errichtet.

Die Seitengebäude bergen weitere Schätze. Das vielleicht schönste Bildwerk des Tempels sieht man in der östlichen Seitenhalle im letzten Hof: Es ist ein aus Sandelholz geschnitzter predigender Buddha mit seinen Jüngern Ananda und Kashyapa. Das Schreingehäuse wurde aus kostbarem Nanmuholz geschnitzt. Auf der Südseite des Hofes zeigen Ausstellungen Geschenke an das Kloster. In den Seitenhallen der südlicheren – dem Eingang näheren – Höfe sind auch die berühmten, zum Teil mit Tüchern verhängten Darstellungen der esoterisch-tantrischen Tradition ausgestellt. Sie zeigen männliche und weibliche Gottheiten in rituell-ekstatischer Vereinigung.

Einen halben Tag sollte man für den Yonghe Gong schon Zeit haben. Kommen Sie früh, denn ab 10 Uhr wird's voll. *Tgl. 9–16.30 Uhr | Eintritt 25 Yuan | Audioführung 20 Yuan | U-Bahn 2: Yonghe Gong*

Im Garten des Alten Observatoriums

OSTEN

> Im östlichen Altstadtbereich, besonders aber außerhalb davon, Richtung „Central Business District", ist Peking heute schon weitgehend modern. Westliche Baustile haben hier Tradition, wie das alte Gesandtschaftsviertel zeigt. Im Bereich Jianguomennei [136–137 C–D3] stehen absonderliche Beispiele für den patriotischen Hochhausstil, der um 1990 angesagt war. Echt traditionell dagegen sind die Stadtmauerreste im Südosten, das alte Observatorium und der Ostbergtempel Dongyue Miao.

1 ALTES OBSERVATORIUM [137 D3]

Ein bedeutendes Zeugnis für den frühen kulturellen Austausch zwischen China und Europa: Auf der mächtigen Plattform, neben der einst die

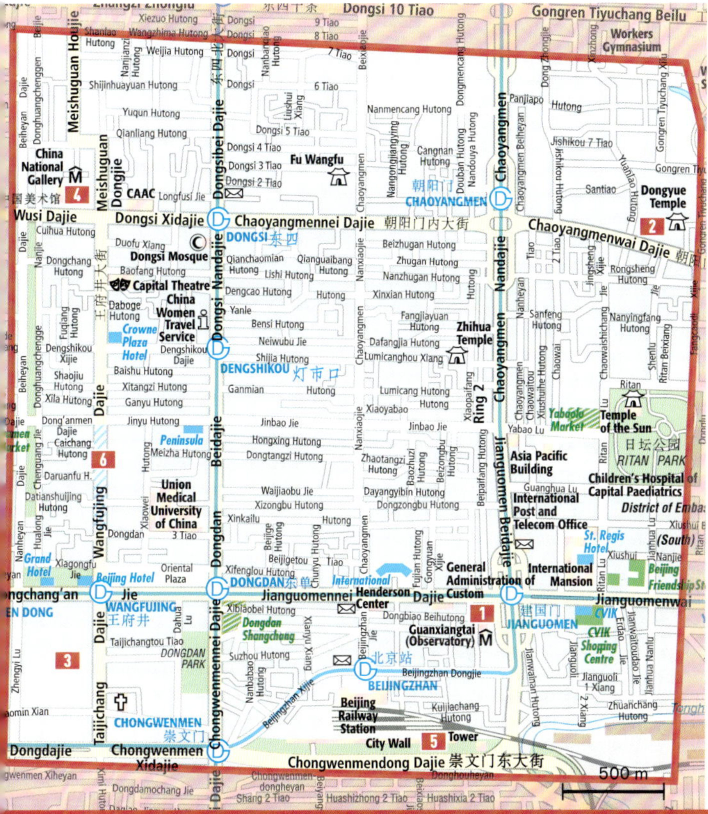

SEHENSWERTES IM OSTEN

1 Altes Observatorium
2 Dongyue Miao
3 Ehem. Gesandtschaftsviertel
4 Nationalgalerie
5 Stadtmauer
6 Wangfujing

gleich hohe Stadtmauer verlief, sind astronomische Instrumente zu sehen, die vom belgischen Jesuiten Ferdinand Verbiest entworfen und 1674 in Bronze gegossen wurden. *Gu Guanxiangtai | Di–So 9–11.30, 13–16.30 Uhr | Jianguomennei | U-Bahn 1 und 2: Jianguomen*

2 DONGYUE MIAO [133 E5] Insider Tipp

Der „Ostbergtempel", einst Pekings volkstümlichster Daoistentempel, wurde in den 1950er-Jahren geschlossen und diente jahrzehntelang als Polizeiwache, ehe er 1999 seine Auferstehung erlebte – mit renovierten Gebäuden und vor allem einer

Rekonstruktion des zerstörten reichen Figurenschmucks. Die weit über 100 lebensgroßen Gestalten in den Galerien rund um den Haupthof stellen die „Ämter“ des daoistischen Pantheons dar und zeigen, wie die Sünderseelen in der chinesischen Hölle bestraft werden. Hauptgott ist der Ostbergkaiser, der Herr über Leben und Tod. *Di–So 9–16.30 Uhr | Chaoyangmenwai Dajie | U-Bahn 2: Chaoyangmen*

Neugotischer Stil im ehemaligen Gesandtschaftsviertel: die französische Kirche St. Michel

3 EHEMALIGES GESANDTSCHAFTSVIERTEL [136 B–C3]

Anders als in Shanghai oder Tianjin gibt es in Peking kaum bauliche Spuren der Kolonialzeit. Die einzige Ausnahme ist das einstige Gesandtschaftsviertel östlich des Tian’anmen-Platzes. Das alte China hatte auswärtige Beziehungen im Grunde nur in Gestalt von Tributgesandtschaften gekannt, die von den Vasallenstaaten wie Korea oder Vietnam regelmäßig an den Kaiserhof geschickt wurden. Als im Zweiten Opiumkrieg 1860 England und Frankreich das Recht durchsetzten, mitten in Peking ständige Gesandtschaften einzurichten, empfand China dies als eine unerhörte Demütigung. Jenes erste Pekinger Diplomatenviertel entstand in unmittelbarer Nähe der Ministerien am Südrand der Inneren Stadt. Beim Boxeraufstand im Jahr 1900 war es erstes Ziel der fremdenfeindlichen Rebellen und wurde bei der Belagerung zum großen Teil zerstört. Beim Neuaufbau sicherten sich die Fremdmächte Sonderrechte. Sie unterhielten hier eine internationale Schutztruppe. Chinesisches Militär oder Polizei durfte das Areal nicht betreten. Etliche der alten Gebäude blieben erhalten, ausländische Botschaften befinden sich hier freilich nicht mehr.

Die in Verlängerung der Wangfujing nach Süden führende Straße Taijichang Dajie hieß einst Rue Marco Polo. Folgt man ihr nach Süden, so sieht man gleich hinter der ersten Querstraße links hinter einem bewachten Tor das Gebäude des alten *Peking-Clubs.* Weiter nach Süden – an der folgenden Kreuzung links um die Ecke – erhebt sich das dominierende Gebäude des Viertels, die heute wieder als Gotteshaus genutzte französisch-katholische *Kirche St. Michel.* Die südlich gegenüber liegende *belgische Gesandtschaft* ist die einzige, von der die Hauptgebäude noch stehen. Rechts (westlich) der Kreuzung lag im Süden die deutsche Gesandtschaft, deren Gebäude nicht mehr existieren.

Auf der Nordseite der nach Westen führenden einstigen Legation Street residierten hinter einem erhaltenen, bewachten Tor die Franzosen. Auf derselben Straßenseite steht das kleine alte *Postamt* und an der nächsten Ecke das Gebäude der *Yokohama-Bank.* Die von hier wieder nach Norden führende einstige Rue Meiji (heute Zhengyi Lu) war gesäumt von der russischen und der britischen Gesandtschaft an ihrer Westseite und von der japanischen Gesandtschaft an der Ostseite. Hier befindet sich jenseits des mächtigen Steintores aus jener Zeit jetzt Pekings *Rathaus.* Zurück zur alten Legation Street, dann rechts, sehen Sie auf der rechten Seite den Neubau des *Obersten Gerichtshofs,* ihm gegenüber ehemalige Bankhäuser und fast am Ende der Straße rechts den roten Bau des einstigen *französischen Hospitals* von 1918/19. *U-Bahn 1: Wangfujing*

4 NATIONALGALERIE [136 B1]

Der wenig einladende sinostalinistische Bau von 1959 dient ausschließ-

> GEISTERMAUERN ...

... und Dachgetier: Kunst am Bau auf Altchinesisch

Vor allem im Kaiserpalast fallen sie ins Auge: die Figuren auf den Dachgraten. Der verdickte obere Teil des Grates läuft in einem Drachenkopf aus. Davor sitzen von unten nach oben ein Unsterblicher, der auf einem Phönix reitet, und eine Reihe von (Fabel-)Tieren. Die maximale Zahl von zehn findet man nur auf den größten Palastbauten. Alle Gestalten gelten als Segen bringend für Haus und Bewohner. Ähnlich die Wesen, die den First in ihren aufgerissenen Mäulern halten: Sie haben vor allem Blitzschlag und anderes Unwetter abzuhalten. Dem Schutz der Bewohner dienen anderenorts auch die Geistermauern, die den Eingang optisch versperren – angeblich können böse Geister nur geradeaus gehen. Bei Tempeln stehen diese Mauern etliche Meter vor dem Tor meist auf der anderen Straßenseite und haben vor allem eine ästhetische Funktion.

lich wechselnden Ausstellungen. Hier präsentiert sich das zeitgenössische chinesische Kunstschaffen von epigonaler Tuschmalerei über Porzellanmalerei bis hin zu experimentierfreudiger Avantgarde. Die meisten Ausstellungen sind jedoch kommerziell: Zahlungskräftige Künstler können die Räume mieten und ihre Werke hier verkaufen. *Di–So 9–17 Uhr | Wusi Dajie 1*

5 STADTMAUER **[136–137 C–D3]**
Noch in den 1950er-Jahren lag Peking hinter einer mächtigen, 23,5 km langen Mauer verborgen – nicht gerechnet die etwas bescheidenere Ummauerung der Südstadt. Die Mauer der Inneren Stadt – am Sockel bis 20, oben 12 m breit und 15 m hoch – hatte mitsamt ihren neun Toren seit der frühen Ming-Zeit nahezu unverändert etwa 530 Jahre überdauert. Dann fiel sie 1965 der beginnenden Kulturrevolution zum Opfer. An ihrer Stelle verläuft heute die zweite Ringstraße, sodass der Verlauf der Mauer auf dem Stadtplan noch gut erkennbar ist. Nur so viel ist davon erhalten, dass man die Größe des Verlustes noch ermessen kann. Der imposanteste Rest ist die frühere *Südostecke* mit ihrem gewaltigen Turmaufbau *(Ostende der Chongwenmendong Dajie)* **[137 D3]**. Hier schließt nach Westen bis zur Chongwenmen-Kreuzung (U-Bahn 2) das einzige erhaltene längere Stadtmauerstück an: Das Ostende (mit einem Torbogen von 1916 für die einstige Bahnlinie) blieb vollständig erhalten, der große Rest ist eine mit neuen Ziegeln teilrestaurierte Ruine, integriert in eine Grünanlage.

6 WANGFUJING ★ **[136 B1–3]**
„Große Straße am Brunnen der Königsresidenz“ bedeutet der volle Name von Pekings Hauptgeschäftsstraße – Wangfujing Dajie –, doch alle Welt sagt nur einfach Wangfujing. Dank neuer Konsumtempel und der Umwandlung zur Fußgängerzone ist die südliche Hälfte heute eine fast mondän anmutende Flaniermeile mit Straßencafés und abendlichen Musikfontänen vorm alten Kaufhaus Baihuo Dalou.

Weiter nördlich überrascht die Östliche Kathedrale von 1904 (Hausnr. 78) mit schönem Vorplatz. *U-Bahn 1: Wangfujing*

SÜDSTADT

> Die Südstadt südlich der großen Stadtmauer, von der das Vordere Tor und ein Rest am Ostende erhalten blieb, war einst das Wohngebiet der einfachen Leute und Gewerbetreibenden. Ihr nördlicher Bereich fungierte als das Hauptgeschäftsviertel der Hauptstadt. Vor den drei Stadttoren im Norden war die Wohndichte am höchsten und der Rummel am größten mit Gaststätten, Handwerkern, Hökern, Gildenhäusern, Theatern und Bordellen. Großflächiger Abriss beiderseits der Hauptstraße Qianmen Dajie, Straßenerweiterungen und moderne Hochhäuser haben wenig Atmosphärisches übrig gelassen.

Der Spaziergang 1 führt durch den gar nicht schlechten Rest. Hier in der Vorstadt lagen aber auch die zwei größten Opferstätten des Staatskults. Dessen bedeutendste ist der Himmelsaltar mit seinem weitläufigen Park.

1 HIMMELSALTAR TIANTAN ★ [136 B–C 5–6]

Durch jährliche Opfer für stete Harmonie zwischen Mensch und Kosmos zu sorgen gehörte zu den rituellen Aufgaben des Kaisers. Zu diesem Zweck wurden in und um Peking im 15./16. Jh. sechs Altäre angelegt: der Erdaltar im Norden, der Himmelsaltar im Süden östlich der Mitte, der Ackerbaualtar ebenfalls im Süden, doch westlich der Mitte, der Sonnenaltar im Osten und der Mondaltar im Westen. Diese fünf Altäre lagen im Freien außerhalb der Stadt. Hinzu kam der Erntealtar südlich des Palastes. Am Mond- und Sonnenaltar ist nicht mehr viel zu sehen, und vom Ackerbaualtar sind nur noch Teile zugänglich.

Der bedeutendste aller kaiserlichen Altäre – meist wenig korrekt Himmelstempel genannt – zeigt klassische chinesische Baukunst in höchster Vollendung. Er war wie die anderen kaiserlichen Altäre bis 1913 nur den Mitwirkenden der Zeremonien zugänglich.

Die Hauptgebäude auf ihren weißen Marmorterrassen stehen inmitten eines weitläufigen, bewaldeten Geländes entlang einer Nord-Süd-Achse. Im Süden beginnt die Folge mit der kreisförmigen, dreistufigen *Altarterrasse.* Der Kreis symbolisiert das Himmelsrund, die Dreizahl das *yang* und damit ebenfalls den Himmel. Entsprechend ist auch der zentrale Stein der obersten Plattform von drei mal drei Steinplatten umgeben, und so geht es weiter über den neunten Kreis, der von neun mal neun, also 81 Platten gebildet wird, bis zum äußersten Kreis der untersten Ebene

Einkaufsmeile, Fußgängerzone und für einen Bummel immer angesagt: die Wangfujing

mit seinen 3 mal 3 mal 3 mal 3 mal 3 = 243 Platten. Auf der Terrasse brachte der Kaiser, selbst „Himmelssohn“, dem Himmel ein Tieropfer dar in Stellvertretung für das ganze Reich. Dies geschah nachts zur Wintersonnenwende, zu dem Zeitpunkt also, da das „größte Yang“, die Sonne, am schwächsten ist und gewissermaßen der Förderung durch ein Opfer am ehesten bedarf. Der Ritus schloss außer dem Himmel selbst auch die Sterne, das Wetter und die Amtsvorgänger ein. Die zugehörigen „Geistertafeln“ sind im nördlich anschließenden *Kaiserlichen Himmelsgewölbe* und seinen zwei Nebenhallen zu sehen. Dieser runde Bau mit blauem Dach steht inmitten der so genannten Echomauer. Ein gegen die Mauer gesprochenes Wort ist auf der gegenüberliegenden Seite deutlich zu hören. Die drei Echosteine in der Mitte bieten eine weitere akustische Spielerei: Wer auf dem südlichen Stein in die Hände klatscht, hört ein einfaches, auf dem mittleren Stein ein doppeltes und auf dem nördlichen ein dreifaches Echo. Beim üblichen Besuchergedränge gehen diese akustischen Phänomene allerdings unter.

Ein dammartig erhöhter Marmorweg verbindet den südlichen Komplex mit der *Halle des Erntegebets* (Qiniandian) im Norden. Auf dreifach gestufter kreisrunder Terrasse erbaut, stellt sie mit ihrem dreifachen blauen Kegeldach einen Höhepunkt chinesischer Baukunst dar. Die Halle verkörpert den Kreislauf der Zeit: Das Dach ruht auf 28 Säulen. Die vier innersten stehen für die vier Jahreszeiten. Der innere Kranz aus zwölf Säulen symbolisiert die zwölf Monate, der äußere die zwölf Doppelstunden des Tages. Der Kaiser bat hier den Himmel zum Frühlingsbeginn (Anfang Februar) um eine gute Ernte und zum Sommerbeginn (Anfang Mai) um Regen. Eine Ausstellung in den Nebenhallen veranschau-

Die Halle des Erntegebets im nördlichen Teil des Himmelsaltar-Parks

SEHENSWERTES IN DER SÜDSTADT

1 Himmelsaltar Tiantan
2 Liulichang
3 Museum f. alte chin. Architektur
4 Niu-Jie-Moschee
5 Unterirdische Stadt

licht die Zeremonien. Auf dem Vorplatz stehen Präsentationsgefäße für die Opfergaben.

Zu den Nebengebäuden gehören eine Opfertierschlachterei sowie eine Fastenhalle, die der Kaiser einen Tag vor dem Opferritus bezog, um sich fastend auf die Begegnung mit den himmlischen Mächten vorzubereiten. Diese mit einem Graben umgebene Anlage, ein großer, ungewöhnlicher Komplex aus zwei ineinanderliegenden Höfen, ist südlich der von Westen kommenden alten Hauptzufahrt des Tempels noch zu sehen und ebenfalls zu besichtigen. Die vollkommene Harmonie und erhabene Ruhe der Altaranlage ist heute leider kaum noch zu spüren. Hochhäuser ragen ins Blickfeld, und zusätzliche Tore und Zufahrtswege aus allen Himmelsrichtungen samt Busparkplätzen rauben dem heiligen Bezirk seine Ruhe und Geschlossenheit. Kommen Sie möglichst frühmorgens, ehe es voll wird. *Tgl. 8.30 bis 17.30 Uhr | Eintritt 35 Yuan*

2 LIULICHANG [135 F4]

Werkstätten für glasierte Ziegel, wie der Name behauptet, gibt es hier längst nicht mehr: Die Liulichang ist das traditionelle Zentrum des Pekinger Antiquitätenhandels. Viele der historisch aussehenden Häuser entstanden zwar erst nach 1980, sie lassen jedoch erahnen, wie harmonisch Pekings Stadtbild früher einmal war (siehe auch Spaziergang 1). *U-Bahn 2: Hepingmen*

Insider Tipp 3 MUSEUM FÜR ALTE CHINESISCHE ARCHITEKTUR [136 A6]

In den restaurierten Hallen des Ackerbaualtars verbirgt sich eine zwar wenig bekannte, doch ausgezeichnete Sammlung von akkuraten Modellen, Fotos und einigen Originalteilen altchinesischer Baukunst. Glanzstück ist ein riesiges Stadtmodell im Maßstab 1:1000, das Peking so darstellt, wie es bis 1950 bestand. Schöne, ruhige Atmosphäre. *Di–So 9–16 Uhr | Eintritt 15 Yuan | am Südende der Dongjing Lu*

4 NIU-JIE-MOSCHEE [135 E5]

Pekings ältestes islamisches Gotteshaus wurde bereits 996 gegründet. Die Bauten sind im chinesischen Stil gehalten (mit wenigen arabischen Elementen), doch an den islamischen Bedarf angepasst. So ist die Anlage nach Westen – gegen Mekka – ausgerichtet. Im Hof steht ein Minarett, ihm gegenüber die leuchtend ausgemalte Gebetshalle. Der sechseckige Bau zur Straße hin ist der „Turm zur Mondbetrachtung". Er diente in früheren Zeiten zur Bestimmung von Anfang und Ende des Fastenmonats Ramadan. Die „Rinderstraße", an der die Moschee liegt, und die nähere Umgebung sind das Moslemviertel Pekings. *Keine festen Öffnungszeiten | Niu Jie (Zugang von der Gasse südlich der Moschee aus)*

5 UNTERIRDISCHE STADT [136 B4]

Große Teile der Südstadt wurden in der Kulturrevolution aus Kriegsangst in Massenkampagnen untertunnelt. Einen kleinen Teil des 20 km langen Katakombenlabyrinths kann man besichtigen: *Xi Damochang Jie 62 (800 m ab Qianmen Dajie) | tgl. 8.30–18 Uhr, Einlass bis 17 Uhr | Eintritt 20 Yuan* [136 B3–4]. Allerdings ist die Gegend Abrissgebiet – es gibt keine Garantie, dass das Haus mit dem Zugang zur Unterwelt erhalten bleibt.

ANDERE ZIELE

BAIYUN GUAN ★ [134 C3]

Pekings einziges vollständig erhaltenes daoistisches Tempelkloster, das „Kloster der weißen Wolken", ist eine gepflegte Stätte lebendiger Religiosität. Durch schattige Höfe schreitet man von Halle zu Halle, bestaunt die zahlreichen Bildwerke und betrachtet die Mönche, die in ihrer typischen Tracht vom Wadenwickel bis zum hochgesteckten Haarknoten aussehen wie alten Bildern entstiegen. Das Kloster wurde unter Dschingis Khan im Jahr 1227 gegründet und ist seither das wohl bedeutendste nordchinesische Zentrum des Daoismus. Die meisten Gebäude stammen aus dem 17. Jh.

die Klosterkasse. In der ersten Halle schreckt eine Wächterfigur böse Geister ab. In der zweiten Halle sieht man den Jadekaiser, die höchste Gottheit des Daoismus, umgeben von Stern- und Himmelsgöttern. In der dritten Halle werden sieben Heilige verehrt. Die Statuen stammen aus der Ming-Zeit.

Gebet und Flötenklang im daoistischen Tempelkloster Baiyun Guan

Ein prächtiges Schmucktor bildet mit der gegenüberliegenden Geistermauer den würdigen Auftakt. Im ersten Hof hinter dem inneren Tor hängt unter einer Marmorbrücke eine Scheibe in Form einer alten Kupfermünze. In deren Loch wiederum hängt ein Glöckchen. Bringt man es zum Klingen, indem man eine Münze dagegen wirft, so bedeutet dies Glück, und das Geld wandert in

Die vierte Halle ist dem großen Lehrer und Meister Qiu Chuji (1148 bis 1227) gewidmet. Er beeindruckte Dschingis Khan durch seine Weisheit, und ihm verdankt dieses Kloster letztlich seine Existenz. Die Gebeine des Weisen ruhen unter seinem Standbild. Die letzte Halle ist zweigeschossig. Die Figuren der Drei Reinen im Obergeschoss wurden schon 1428 geschaffen.

In den kleineren Hallen westlich der Hauptachse geht es volkstümlicher zu. Hier kommen auch Frauengestalten zu ihrem Recht. Eine Halle

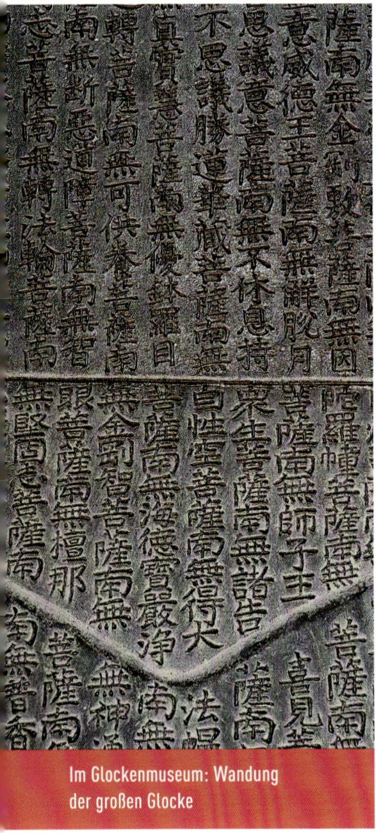

Im Glockenmuseum: Wandung der großen Glocke

enthält ausschließlich Muttergottheiten, die für Fruchtbarkeit, rasche und schmerzlose Geburt und für das Augenlicht der Kinder zuständig sind.

In der Halle gegenüber stehen elf große Bronzefiguren, darunter sechs Frauen. Zentrale Gottheit ist hier Wen Chang, der Schutzpatron der Literaten und Beamten. Neben ihm sieht man Konfuzius (551–479 v. Chr.) und den Vollender der neokonfuzianischen Philosophie, Zhu Xi (1130–1200). Am erstaunlichsten ist aber die Halle der Jahresgötter. Sechzig phantasievolle, bunt bemalte Tonfiguren verkörpern die Jahre des chinesischen Sechzigerzyklus. Wer hier dem Gott seines Geburtsjahres opfert, darf erwarten, dass fortan alles nach Wunsch geht.

Den nördlichen Abschluss bildet der Klostergarten mit der überdachten Ordinations- und Lehrterrasse. Ein Wandbild zeigt die daoistische Götterwelt, ein anderes, nahe der Nordostecke, stellt dar, wie die acht Unsterblichen das Meer zu den Inseln der Seligen überquerten. Nachdem sie sonst nur per Wolke verreisten, wollten sie nun einmal zeigen, dass ihnen auch weniger alltägliche Verkehrsmittel zu Gebote standen: Der eine nahm seine Krücke, der zweite einen Federfächer, der dritte eine Papierfigur, der vierte einen Fliegenwedel, der fünfte einen Blumenkorb, der sechste eine Flöte, der siebte Kastagnetten, und die einzige Frau in der Gruppe fuhr auf einem Lotosblütenblatt. *Tgl. 8.30–16.30 Uhr | Baiyunguan Jie*

GLOCKENMUSEUM [130 C1]

Der einstige „Tempel zur großen Glocke" wurde sinnreich umgenutzt. Zu sehen sind 160 Glocken verschiedenen Alters und Stils, darunter mehrere Glockenspiele. Der Name des Tempels bezieht sich auf das 6,75 m hohe, 1420 gegossene Prunkstück der Sammlung. Es ist nicht nur ein wahrlich imposantes, sondern auch ein besonders frommes Instrument: Sutren im Umfang von 230 000 Zeichen bedecken seine Wandung. Chinas Glocken haben übrigens keinen Klöppel: Sie hängen fest und werden von außen angeschlagen. *Dazhong Si | tgl. 8.30–16.30 Uhr | Beisanhuan Xilu | U-Bahn 13: Dazhongsi*

HAUPTSTADTMUSEUM [134 C2–3]
Im „Capital Museum" wird Pekings Stadtgeschichte bis 1949 ausgebreitet. Spektakulär ist der Bau, dessen riesige äußere Hülle zwei nahezu frei stehende Gebäude (darunter ein rundes und schiefes) mit den eigentlichen Ausstellungsräumen birgt; das meiste ist freilich leerer Raum – sechs Etagen hoch. Der Entwurf stammt von Jean-Marie Duthilleul, einem französischen Bahnhofsarchitekten. Originale, Repliken, Modelle und audiovisuelle Medien thematisieren Feste und Brauchtum, die Pekingoper, Kunst und die Stadtentwicklung. *Di–So 9–17 Uhr | Eintritt 30 Yuan | Fuxingmenwai Dajie, Ecke Baiyun Lu | U-Bahn 1: Muxidi*

MILITÄRMUSEUM [134 B2]
Hauptattraktion für Waffennarren ist die große Halle geradeaus hinterm Eingang des monumentalen Baus: Dort stehen Panzer, Raketen und anderes Großgerät (Fotografieren erlaubt). Im linken Gebäudeflügel (2. OG) wird mit Modellen, Abbildungen und ein paar Originalen die gesamte ältere Militärgeschichte Chinas ausgebreitet, im rechten Flügel dagegen in allen Details die Kriegs- und Revolutionsgeschichte des 20. Jhs. dokumentiert. *Di–So 8.30–17.30 Uhr | Fuxing Lu 9 | U-Bahn 1: Junshi Bowuguan*

MILLENNIUMSMONUMENT [134 A2]
Was ist das: eine Skulptur? Eine Tribüne? Ein Museum? Eine Parkanlage? Ein Geschichtsbuch? Tatsächlich ist dieses außergewöhnliche Gebilde alles zusammen – und darüber hinaus noch einiges mehr.

Kern des zum 1. Oktober 2000 eröffneten Monuments ist ein kreisrundes Gebäude, aus dessen von unten bis oben besteigbarem Dach eine futuristische Stahlnadel in den Himmel

> PEKING UND BEIJING

Die Namen der Stadt – von Marco Polo bis heute

Warum ist die Stadt, die auf Hochchinesisch *Beijing* (sprich: „Beh-djing") heißt, in aller Welt als Peking bekannt? Das Wort geht auf jene Seefahrer des 16. Jhs. zurück, die von Chinas Hauptstadt zum ersten Mal aus dem Mund von Kantonesen hörten. Die aber sprechen dieselben zwei Zeichen, *bei* – nördlich – und *jing* – Hauptstadt – bis heute „Bakking" aus. Marco Polo hätte mit beiden Versionen nichts anzufangen gewusst, denn damals, unter den Mongolen, hieß die Stadt *Khanbalik*, „Stadt des Khan", und auf Chinesisch *Dadu*, „Große Hauptstadt". Als „Nördliche Hauptstadt" kennt man sie erst, nachdem die Ming ihre Residenz aus Nanking (*Nanjing:* „Südliche Hauptstadt") Anfang des 15. Jhs. hierher verlegten.

sticht. In dem kegelstumpfförmigen Sockel befinden sich Ausstellungssäle und ein Veranstaltungsraum sowie die „Milleniumshalle", in der ein umlaufendes, wandhohes Relief mit 268 teils legendären Gestalten der Vergangenheit den Ruhm von, wie es heißt, „5000 Jahren chinesischer Zivilisation" vor Augen führt. Der obere Teil des Gebäudes (mit der Nadel) soll – gegenüber dem Kegelstumpf als der Erde – den Himmel symbolisieren; er kann sich in 2,6 Stunden (oder langsamer) einmal um sich selbst drehen.

Zum Monument gehört ein langer Vorplatz. Er beginnt im Süden mit einer runden Senke, in der eine ewige Flamme brennt und zwei Springbrunnen den Gelben Fluss und den Jangtse verkörpern. Von dort führt ein 262 m langes Bronzeband nach Norden, das lauter Inschriften trägt: eine Chronologie der wichtigsten Ereignisse in Chinas Vorgeschichte und Geschichte (beginnend mit dem Pekingmenschen), für die historische Ära Jahr für Jahr.

Auf der Rückseite des Monuments erstreckt sich ein Park. Dort hängt in einem Pavillon die 6,8 m hohe „Milleniumsglocke", die am 1. Januar 2000 erstmals erklang.

Der chinesische Ausdruck für das Monument heißt in wörtlicher Übersetzung „Altar der Jahrhunderte". Er verweist auf den tieferen Sinn der Anlage: Mit der ewigen Flamme und der Riesenglocke wird Chinas Geschichte hier zu etwas Heiligem, quasi Religiösem erhoben. Die runde Form des Baus und seine Symbolik erinnern denn auch nicht ganz zufällig an den Himmelsaltar. *Tgl. 8.30 bis 17.30 Uhr | Eintritt 30 Yuan | westlich vom Militärmuseum | U-Bahn 1: Junshi Bowuguan*

PEKINGMENSCH-MUSEUM UND -FUNDSTÄTTE IN ZHOUKOUDIAN [138 B6]

1928/29 wurden in Karsthügeln bei Peking erstmals Schädelknochen eines Urmenschen entdeckt, der vor 230 000 bis 460 000 Jahren lebte und die Bezeichnung *homo erectus pekinensis* erhielt. Die durch die Grabungen leer geräumten Höhlen sind zu besichtigen. Sie enthielten Sedimente von bis zu 50 m Mächtigkeit und konservierten so eine erd- und artengeschichtliche Entwicklung von 700 000 Jahren.

Das Museum zeigt einen Teil der Funde und gibt (auch auf Englisch) Einblicke in Paläontologie und Anthropologie. *Tgl. 8.30–16.30 Uhr, im Sommer bis 18 Uhr | Eintritt 20 Yuan | 50 km südwestlich der Stadt*

SOMMERPALAST YIHE YUAN ★ [138 C4]

Der riesige kaiserliche Garten mit seinen zahllosen Hallen, Wohnhöfen, Seen, Pavillons, Laubengängen und Pagoden entstand im Wesentlichen in den Jahren 1750/51 als Geschenk des Qianlong-Kaisers zum 60. Geburtstag seiner Mutter.

Nach zweimaliger Plünderung und teilweiser Zerstörung – 1860 durch Engländer und Franzosen, das zweite Mal 1900 durch die alliierten Armeen nach der Niederschlagung des Boxeraufstandes – wurde der „Garten der Harmoniepflege" (Yihe Yuan) unter der Regie der Kaiserin Cixi wieder hergerichtet. Nach der Vertreibung des letzten Kaisers im

Jahr 1924 erhielt erstmals die Öffentlichkeit Zutritt.

Die Bauten unterscheiden sich erheblich vom „Winterpalast" Gugong. Stilistisch uneinheitlich, teilweise verspielt bis hin zum Kitsch, sind sie ein typisches Produkt der ausgehenden Qing-Zeit. Die Mandschu-Kaiser wollten sich hier nicht nur am sommerlichen Grün, sondern auch an der Tatsache delektieren, dass sie halb Asien beherrschten. So ließen sie südchinesische Gartenkunst ebenso imitieren wie die tibetische Klosterarchitektur. Auch ein Gebäude wie der „Pavillon des Buddhaweihrauchs" wäre unter den konfuzianischen Ming-Kaisern als dominierendes Palastgebäude undenkbar gewesen: Die Mandschu waren eben auch gläubige Buddhisten. Das vorherrschende Motiv im Yihe Yuan ist jedoch der Wunsch nach langem Leben. Er findet sich im Gebäudeschmuck (Symbole: Hirsch, Kranich, Kiefer, Bambus), in der Bepflanzung (Kiefer, Bambus) und in Orts- und Hallennamen. Langes Leben ist neben Reichtum und männlichem Nachwuchs eines der drei altchinesischen Glücksideale. Dass dieses Motiv hier so dominiert, hängt vor allem mit der Kaiserinwitwe Cixi zusammen, die sich den Palast 1886–91 als Alterssitz herrichten ließ.

Gleich hinter dem Haupteingang liegen die Audienz- und Amtsgebäude. Sie sind ausnahmsweise nach Osten ausgerichtet. Von den Bronzetieren im Vorhof stehen Drachen und Phönixe für den Kaiser und die Kaiserin, während das große, beschuppte Fabeltier Qilin segensreiche Herrschaft verkörpert.

Pekingmensch-Fundstätte in Zhoukoudian

In der ersten Halle *(Renshou Dian)* wurden Beamte und ausländische Gesandte empfangen. Die Bronzekraniche und der Name des Gebäudes – „Halle des Altwerdens durch Güte" – stimmen auf das Hauptthema des Palastes ein. Das graue Dach suggeriert Bescheidenheit.

Nördlich der Halle gelangt man zu einem der zwei *Palasttheater.* Die dreigeschossige Bühne war bei ihrer Eröffnung 1891 die größte des Landes. Heute sind in den angrenzenden Räumen Kuriositäten aus Cixis Besitz – meist Geburtstagsgeschenke – ausgestellt, darunter ein alter Benz. Südwestlich davon, in der *Halle der Jadewogen* (Yulan Tang), hielt Kaiserin Cixi ihren Neffen, den vorletzten Mandschu-Kaiser, zehn Jahre lang interniert. Ihre eigenen Wohnräume, die sie von Mai bis Oktober bewohnte, liegen gleich nebenan in der *Halle der Freude und Langlebigkeit* (Leshou Tang). Überall sind Symbole der Langlebigkeit zu sehen, zum Beispiel Hirsche und Kraniche auf den Bronzegefäßen im Hof sowie

> OLYMPISCHE SPIELE 2008

Was bleibt vom großen Sportereignis?

Nicht nur für die Hauptstadt, sondern für ganz China ist die Ausrichtung der Olympischen Spiele ab dem 8. August 2008 eine gewaltige Prestigesache. China ist wieder wer! Jetzt zeigt es sich nicht mehr nur in den Warenlieferungen nach Übersee, sondern im Weltsportereignis schlechthin. Entsprechend legt man sich ins Zeug. Was bleibt, wenn die Spiele und die nachfolgenden Paralympics vorbei sind?

Sportstätten: Zwölf wurden völlig neu errichtet und elf bestehende umgebaut; hinzu kommen acht temporäre sowie sechs an anderen Orten: Stadien für Fußballspiele in Qinhuangdao, Shanghai, Shenyang und Tianjin, das Segelzentrum in Qingdao und das Reitsportzentrum in Hongkong. Im Fokus des Pekinger Geschehens steht der *Olympiapark* am nördlichen 4. Ring. Zwei Bauten dürften dort Architekturgeschichte schreiben: Das Nationalstadion mit 90 000 Plätzen, von den Schweizer Architekten Herzog & de Meuron entworfen, sieht aus wie ein riesiges Vogelnest. Gegenüber liegt das Schwimmstadion, ein durchscheinender Quader aus bläulichen Blasen wie Schaum in Riesenform.

Verkehrswege: Endlich werden mehr Stadtteile durch U-Bahnen erschlossen. Die Nord-Süd-Linie 5, im Herbst 2007 eröffnet, verläuft östlich vom Olympiapark und kreuzt die neue Linie 10 (ab Sommer 2008 in Betrieb), die im Norden unter der 4., im Osten unter der 3. Ringstraße verläuft. Von der Linie 10 führt ein Abzweiger (Linie 8) direkt zum Olympischen Sportzentrum und in den Olympiapark. Zeitgleich geht eine Flughafenbahn in Betrieb, die am Dongzhimen-Bahnhof mit den bestehenden Linien 2 und 13 verknüpft wird.

Umwelt: Peking hat »grüne Spiele« ausgerufen und unternimmt große Anstrengungen dafür – unter anderem wurde das Pekinger Stahlwerk auf eine Insel im Bohai-Golf verlegt. Die rasante Zunahme des Autoverkehrs allerdings wirkte einer dauerhaften Reduktion der erheblichen Luftverschmutzung bisher entgegen. Für die Dauer der Spiele wurden schon Fahrverbote angekündigt. Mehr Informationen finden Sie unter *http://en.beijing2008.cn.*

Kalebassen und Unsterblichkeitspfirsiche im Innern.

Hieran schließt das berühmteste Bauwerk des Sommerpalastes an: der 728 m lange, mit 8000 Roman- und Landschaftsszenen bemalte *Wandelgang,* der sich am Nordufer des Kunming-Sees entlangzieht. Folgt man ihm, so gelangt man auf halber Strecke zu einer Folge von Treppen und Hallen, die zum *Pavillon des Buddhaweihrauchs* (Foxiang Ge) hinaufführen (schöner Blick auf den See). Der Wandelgang endet nahe dem steinernen Raddampfer, einem kuriosen Produkt spätqingzeitlichen Geschmacks. Hier gibt es einen Bootsverleih sowie Anlegestellen für Rundfahrts- und Fährboote.

Gehen Sie weiter um den *Hügel des langen Lebens* (Wanshou Shan) herum, so gelangen Sie zur *Suzhou-Straße,* Insider Tipp hübschen Ladenzeilen aus sechzig Geschäften in historischem Gewand (mit Teehaus), beiderseits eines Kanals idyllisch gelegen. Die Anlage wurde 1990 nach einem 1860 von der französisch-britischen Armee zerstörten Vorbild rekonstruiert. Oberhalb davon, auf dem Nordhang, stehen die erwähnten *tibetischen Klosterbauten.*

Treppengang auf dem Gelände des Sommerpalastes Yihe Yuan

Der stimmungsvollste Teil des Yihe Yuan jedoch ist der *Garten des inneren Einklangs und des äußeren Wohlgefallens* Insider Tipp (Xiequ Yuan) im Nordosten. Wer sich hier sommertags in den luftigen Teepavillon setzt und auf den herrlichen Lotosteich hinausträumt, erlebt klassische chinesische Lebensart der besten Sorte. *April–Okt. tgl. 7.30–17 Uhr, manche*

Bauten nur 9–16 Uhr | Eintritt 30 Yuan, „alles sehen" 50 Yuan | sonst 8–17 Uhr | Eintritt 20 bzw. 40 Yuan | Bus 332 ab Zoo bis Endstation

Die Diamantthronpagode des Wuta Si

WUTA SI [130 B3]

„Tempel der fünffachen Pagode" bedeutet der Name, doch das Heiligtum, das an sich Zhenjue Si heißt, wurde im Jahr 1900 beim Boxeraufstand von brandschatzenden Truppen der Alliierten zerstört.

Das Einzige, was blieb, ist eine eindrucksvolle Diamantthronpagode in indischem Stil. Sie besteht aus einem hohen, mit Reliefs verzierten Steinsockel, auf dem sich fünf kleine Pagoden erheben. Erbaut wurde die Pagode 1473 als Schrein für fünf goldene Buddhafiguren sowie für die Nachbildung einer ebensolchen Pagode, wie sie hier zu sehen ist. Die Kleinodien hatte ein indischer Mönch Kaiser Chengzu gestiftet.

Das Gelände, um neue Ausstellungshallen ergänzt, dient heute als Museum für Steinmetzkunst, darunter lateinisch-chinesisch beschriftete Grabstelen von Jesuiten aus dem 18. bis frühen 19. Jh. *An der nördlichen Uferstraße des Flusses Nanchang He*

YAN HUANG ART GALLERY [138 C4]

Die Kunsthalle, ein 1991 eingeweihter auffälliger, architektonisch interessanter Bau, wurde teilweise privat finanziert. Gezeigt werden niveauvolle Ausstellungen alter und neuer Kunst. *Di–So 9–16.30 Uhr | Huizhong Lu 9, Asian Games Village im Norden der Stadt*

YUANMING YUAN [138 C4]

Hier stand bis zu seiner Verwüstung durch Engländer und Franzosen im Jahr 1860 der alte Sommerpalast. Das Interessanteste in dem weitläufigen Park sind heute die Ruinen jener erstaunlichen Bauten im europäischen Stil, die 1747–69 nach Plänen von Jesuitenmissionaren errichtet worden waren – ein kurioses Pendant zur Chinoiserie in Europa. *Tgl. 7 bis 19 Uhr | östlich des Yihe Yuan | Taxi bis Osttor*

Fressen, Schlafen, Spielen: Riesenpanda im Pekinger Zoo

ZOO [130 B–C3]

Chinas ältester Tiergarten, 1908 gegründet, lohnt an sich nicht den Besuch. Auch die Riesenpandas – gleich hinterm Eingang links – zeigen sich meist nur als begnadete Faulpelze und selten einmal von ihrer possierlichen Seite. Eine echte Attraktion für Jung und Alt ist jedoch das supermoderne Aquarium, eine phantastische Anlage von den Dimensionen eines Kongresszentrums. In Mitteleuropa gibt es kaum Vergleichbares. Das Tollste kommt gleich zu Beginn des Rundgangs: ein imitierter, raffiniert beleuchteter tropischer Regenwald mit künstlichen Fließgewässern, in denen man die Fische von oben und durch Glas von der Seite sieht. Die weiteren Abteilungen: Welt der Gezeiten, Korallenriff – dort gleitet man unter Wasser durch zwei gläserne Tunnel –, Haifischaquarium, Meeressäuger (mit Delphinshow). *Aquarium tgl. 9 bis 17 Uhr, Einlass bis 16.30 Uhr | Eintritt 100 Yuan (inkl. Zoo), Zoo allein Nov.–März 15 Yuan, sonst 20 Yuan | Xizhimenwai Dajie | U-Bahn 2, 13: Xizhimen*

Insider Tipp

> KICKEN UND KUNG-FU

Sport zum Zugucken in der Hauptstadt

> **Fußball** – Chinesen sind Fußball-*fensi* (Fans), und wenn Sie den Hauptstadtclub *Beijing Guoan,* Mitglied der 1. Liga, in Aktion sehen wollen, achten Sie auf Ankündigungen in der „China Daily". Gespielt wird im Arbeiterstadion, ab September 2008 im Nationalstadion.

> **Frühsport** – Täglich gratis zu erleben ist der Frühsport in den Parks: Schwertgymnastik, Kung-fu, Yangge-Tänze, Qigong-Übungen – nichts, womit irgendwer einen Pokal gewinnt, aber garantiert authentisch und chinatypisch. Vorm Hotelfrühstück kommen!

> NICHT IMMER NUR PEKINGENTE

Klassisches ist nicht zu verachten, doch kulinarisch ist Peking international

> Peking ist die Feinschmeckerhochburg des Nordens – und dies mehr denn je, nachdem die Schlichtheit der Mao-Ära Geschichte ist.

Vor allem die neue Hauptstadtbourgeoisie liebt es gut und teuer. Auch dank der vielen in Peking arbeitenden Ausländer nimmt das Gaststättenangebot an Vielfalt und Qualität ständig zu. Dabei braucht man für kulinarischen Genuss kaum je tief in die Tasche zu greifen.

CHINESISCH ESSEN

Was bestellt man? Pekingente *(kaoya)* in Peking ist natürlich besonders authentisch. Meist wird nur die Haut serviert. Bestellen Sie ausdrücklich den ganzen Vogel, sofern Sie genügend Esskumpane zusammenbringen, denn auch aus dem ansehnlichen „Rest“ werden leckere Gerichte zubereitet. Ebenfalls typisch nordchinesisch ist mongolischer Lammfleisch-Feuertopf *(shuan yangrou),*

Bild: Teegedeck im Eatea Tea House

ESSEN & TRINKEN

ideal für die kalte Jahreszeit. Zum Feuertopf wird kein Reis gereicht, ebenso wenig wie zur Pekingente. An seine Stelle treten in Nordchina traditionell Teigwaren. Teigtaschen und Nudelsuppe zählen zur Volksküche. Um sie kennenzulernen, begibt man sich in die einfachen Lokale. Feuertopf, ebenfalls sehr populär, nimmt eine Mittelstellung ein. Pekingente dagegen zählt zur Festtagsküche. Noch darüber rangiert die Pekinger Palastküche, von der Hunderte von Rezepten den Niedergang des Kaiserreiches überlebten. Nur eine Küche kann der Palastküche das Wasser reichen, was die Kunstfertigkeit im Umgang mit den Zutaten angeht: die vegetarische. Ihre Fisch- und Fleischimitationen sind oft verblüffend.

Die wichtigste Regel beim Speisen *à la chinoise* lautet: zu mehreren ausgehen. Je größer die Gruppe, desto besser, da sich alle alles teilen.

Dieser Regel sollte man umso mehr Beachtung schenken, je höher Lokal und Menü rangieren. Auch wenn heute manche Restaurants vernünftige Zweipersonenmenüs anbieten,

Pekingente: Wenigstens einmal sollten Sie das knusprige Geflügel kosten

sollte man besser zu viert essen gehen; richtig üppig wird es aber erst ab acht Tischgenossen. Wichtig ist, dass einer beim Bestellen für den ganzen Tisch die Regie übernimmt und dann auch kommissarisch für alle die Rechnung begleicht. Einzelesser halten sich an die Volksküche.

In Peking ist natürlich nordchinesische Küche erste Wahl. Jedoch sind auch die Küchen anderer Landesteile gut vertreten. Während es die Cuisine der Küstenregionen in Peking mangels Meeresnähe nicht ganz mit den Shanghaier oder Kantoner Vorbildern aufnehmen kann, lässt sich die scharfe Sichuan-Küche in Peking hervorragend genießen.

Falls Sie noch nicht mit Essstäbchen umgehen können: nur Mut! Jeder, der einen Bleistift halten kann, wird es rasch lernen. Führen Sie dabei die Schale zum Mund – so, wie es die Chinesen tun. Die Esssitten sind ungezwungen. Nur hörbares Naseschnauben bei Tisch ist verpönt.

KÜCHE ANDERER LÄNDER

Speisen Sie lieber deutsch, italienisch, amerikanisch, thailändisch, französisch, japanisch? Wie sehr sich Peking schon zur Weltstadt gemausert hat, macht sich auch daran bemerkbar, dass internationale Kochkünste inzwischen in großer Vielfalt angeboten werden, und zwar nicht mehr nur in teuren Luxushotels, sondern auch in gemütlichen, preiswerten privaten Lokalen.

GETRÄNKE

Anders als in Südchina wird zum Essen gewöhnlich kein Tee gereicht. Das Standardgetränk, das hervorragend zu nordchinesischer wie auch zur Sichuan-Küche passt, ist vielmehr das leichte chinesische Bier *(pijiu)*. Beim Wein *(putaojiu)* hat die

Auswahl an anständigen trockenen Tischweinen stark zugenommen, doch erhält man Weißwein in Lokalen selten vernünftig gekühlt. Ansonsten sind Limonade *(qishui)* und Cola *(kele)* überall zu haben, meist auch Mineralwasser *(kuangquanshui)*. Abgesehen von Bier vom Fass, das deutlich teurer ist als Flaschenbier, werden kalte Getränke stets flaschen- bzw. dosenweise serviert. Dies gilt auch für Schnaps *(shaojiu)*. Ein sehr preisgünstiger Pekinger Klarer ist *Erguotou*, auch als Flachmann zu haben. Am berühmtesten ist der Maotai, ein hochprozentiger und sehr aromatischer Hirseschnaps aus dem Süden. Noch höher als seine Qualität ist freilich sein übertriebener Preis. Sehr angenehm ist der grüne, leicht süßliche Bambusblattschnaps *Zhuyeqing* mit seinem feinwürzigen Aroma. Daneben gibt es allerlei exotische Rachenputzer, bei denen auf den Etiketten ganz im Sinn der stets gesundheitsbewussten Chinesen zuweilen sogar der medizinische Nutzen gepriesen wird. Bekommen Sie unterwegs Durst, so sind im Sommer frische Früchte ideal, die auch verzehrfertig geschält oder aufgeschnitten angeboten werden (zum Beispiel Wassermelonen). Köstlich ist Trinkjoghurt *(suannai)*, der mit dem Strohhalm aus hellgrauen Keramikbecherchen getrunken wird und, meist leicht gekühlt, an vielen Kiosken zu finden ist.

Kaffeetrinken ist generell nicht billig, aber es gibt immer mehr auch chinesisch geführte Cafés, die mit feinem Konditorwerk und aromatischen Kaffeesorten erfreuen. Bei Ausländern beliebt ist das *Tasty-taste* Insider Tipp am Nordtor der Arbeitersporthalle *(Gongrentiyuchang Beilu)* **[133 E4]**, das von 9 Uhr bis Mitternacht geöffnet ist. Nach dem Besuch des Himmelsaltars bietet sich der nette *Weiduomei Cake Shop (Westende der Tiyuguan Lu)* **[136 C5]** mit Ausschank im Obergeschoss an.

TEEHÄUSER

Tee in klassischem Ambiente, bei schönem Wetter an der frischen Luft mit Seeblick, bietet das *Teehaus* Insider Tipp *auf der Qiongdao-Insel (Ostufer) im Bei-*

MARCO POLO HIGHLIGHTS

★ **Beijing Da Dong Roast Duck Restaurant**
Eine bessere Pekingente zu so günstigem Preis finden Sie nicht (Seite 70)

★ **Din Tai Fung**
Volksküche auf Gourmetniveau (Seite 71)

★ **Fangshan**
Kaiserliche Speisen im kaiserlichen Lustschloss (Seite 71)

★ **Pure Lotus Vegetarian**
Nicht Fisch, nicht Fleisch – oder doch? Pekings bester Vegetarier (Seite 72)

★ **Le Quai**
Chinesisch à la française: Spitzengenuss in exquisitem Ambiente (Seite 72)

★ **Assaggi**
Frische Küche und frische Luft beim feinen Italiener (Seite 73)

hai-Park [132 A5]. Sehr sympathisch, aber wenig besucht ist das Teehaus im Obergeschoss des *Sanwei Bookstore, Fuxingmennei Dajie 60 (gegenüber vom Minzu Hotel)* [135 E3]. Ähnlich liebenswert, aber professioneller, was die Vielfalt des Angebots und den Service angeht, ist das *Eatea Tea House* gegenüber vom Konfuziustempel [132 C3]. Für eine Rast beim Stöbern in der Antiquitätengasse Liulichang eignet sich eine Teeverkostung bei *Ten Fu's Tea, Ost-Liulichang 65* [136 A4], wo man auch etwas Englisch spricht. Auch in anderen Teehandlungen kann man sich zu einer nett präsentierten, geruhsamen Verkostung niederlassen.

Insider Tipp

CHINESISCHE KÜCHE

BEIJING DA DONG ROAST DUCK RESTAURANT ★ [133 D4]

Das Lokal rühmt sich, als einziges in Peking die Vögel nicht schon prophylaktisch in den Rauchfang zu hängen, sondern erst nach Eingang der Bestellung – und zwar über Holzfeuer. (Die Wartezeit lässt sich mit den Vorspeisen verkürzen.) Nicht nur die übliche Lauch-Soßen-Kombination wird zur Garnierung der Ente angeboten, sondern auch Zucker. Die übrigen Gerichte bieten ebenfalls exquisite kulinarische Freuden. Zeitig reservieren! *Tgl. | Dongsi 10 Tiao A-22, Nanxincang Business World (Hochhaus) | Tel. 51 69 03 29 | €€*

> GOURMETTEMPEL

Für gut betuchte Genießer

CELESTIAL COURT [137 E2]

Für ein chinesisches Hotelrestaurant ungewöhnlich intim und geschmackvoll. Serviert wird kantonesische Küche, darunter zehn Sorten *dim-sum*. Ab 20 Euro pro Person, einzelne Spezialitäten bis zu 230 Euro. *Tgl. | Hotel St. Regis | Jianguomenwai Dajie 21 | Tel. 64 60 66 88, App. 24 60 | U-Bahn 1 und 2: Jianguomen*

COURTYARD [136 B2]

Hinter traditioneller Hofhausfassade ist ein superschicker Treffpunkt des Pekinger Jetsets entstanden, mit einem Rauchersalon im 1. Obergeschoss und einer Galerie im Keller. Direkt am Palastgraben speist man hier pan-asiatisch-europäisch, ab 30 Euro pro Person. *Tgl. nur abends | Donghuamen Dajie 95 | Tel. 65 26 88 83*

GREEN T. HOUSE [133 E5]

Hier herrscht Ästhetik pur. So exquisit zubereitet und liebevoll präsentiert hat man Speisen – ostwestliche Nouvelle Cuisine – kaum je erlebt, dazu ein spektakuläres Ambiente, vorzügliche Weine, feinster Tee – ein Fest für alle Sinne. Ab 30 Euro pro Person. *Tgl. | Gongrentiyuchang Xilu 6 | Tel. 65 52 83 10*

SUMMER PALACE [137 F3]

Die beste Chinaküche am World Trade Center bietet kantonesische Kochkunst in Perfektion. Die Séparées sind ideal zum Feiern von Geschäftsabschlüssen. Ab 20 Euro pro Person, bei teuren Spezialitäten ein Mehrfaches. *Tgl. | China World Hotel, Jianguomenwai Dajie 1 | Tel. 65 05 22 66, App. 34 | U-Bahn 1: Guomao*

ESSEN & TRINKEN

Im Restaurant Fangshan unterhält nicht nur die Speisekarte

DIN TAI FUNG ★ **[133 E3]**
Die Filiale der taiwanischen Kette, die auch in Japan und den USA präsent ist, wurde schon bei der Eröffnung von Feinschmeckern gestürmt. Die zahlen für die Baozi-Teigtaschen – mit unterschiedlichen Füllungen zu haben – gern dreimal so viel wie anderswo, denn diese hier sind schlicht ein Gedicht, ebenso wie die Nudeln und Suppen. Am Wochenende muss man womöglich anstehen, um einen Platz zu ergattern. Achtung: Die Baozi enthalten Brühe! Man fasst sie mit den Stäbchen am „Schopf" an und darf nicht abbeißen. *Tgl. | Xinyuan Xili Zhongjie 24 (200 m westlich vom Yuyang-Hotel) | Tel. 64 62 45 02* | €

FANGSHAN ★ **[132 A5]**
Chinas berühmtestes Restaurant mit authentischer Palastküche. Man bestellt nicht einzelne Gerichte, sondern ganze Menüs. Ab 100 Yuan pro Person sind Sie dabei, üblicherweise gibt man allerdings mehr aus – ab 200 bis 500 Yuan pro Person. Tischwäsche, Geschirr und Dekor sind in edlem Kaisergelb gehalten. Mittags bis 13.30, abends bis 20 Uhr geöffnet. *Tgl. | Nordseite der „Jadeinsel" Qiongdao | Tel. 64 01 18 89 und 64 01 18 79* | €€€

FU JIA LOU **[133 D4]**
Das immer volle Altpekinger Lokal erfreut mit typischer Volksküche. Zu erkennen ist es an vier großen Bildszenen an der Fassade. *Tgl. | Dongsi Shitiao 23 | Tel. 84 03 78 31 | U-Bahn 2: Dongsishitiao* | €

GOLD BARN **[133 F3]**
Das überaus geräumige Lokal mit seinen hohen Decken ist der führende Sichuan-Spezialist im nördlichen Botschaftsviertel. Eine ausgezeichnete Wahl für alle, die sich nicht auskennen, ist das 100-Yuan-Menü mit über einem Dutzend Gängen in guter Mischung aus traditionell und

innovativ, schlicht und aufwendig, mild und scharf. *Tgl.* | *Sanlitun Beixiaojie 1 (nordöstlich der deutschen Botschaft)* | *Tel. 84 54 02 64* | €€

KAORO JI [132 A4]

Zentralasiatisch. Das Lokal ist berühmt für sein gegrilltes Lammfleisch, das man mit kleinen Sesambrötchen verzehrt, für sein Entenfleisch und für den süßen Nachtisch *Tasimi*. Im Obergeschoss gibt's Insider Tipp Fensterplätze mit Seeblick. Abends Mo–Sa nur bis 20.30 Uhr, So bis 20 Uhr geöffnet. *Tgl.* | *Di'anmenwai Qianhai Dongyan 14* | *Tel. 64 04 59 21* | €

Insider Tipp **NOBLE RESTAURANT** [131 F3]

Chinesische Antiquitäten und Kunst in einem Bauhausstil-Neubau, den vom Hinteren See nur ein Garten und ein Fußweg trennen. Es gibt keine Speisekarte: Ab 120 Yuan pro Person liefert die Küche gleich ganze Menüs – mit westlichem Einschlag. Nur mit Reservierung! *Tgl.* | *Houhai Nanyan, in der Grünanlage am Westufer des Houhai* | *Tel. 66 16 07 25* | €€

PURE LOTUS VEGETARIAN ★ [133 F4]

Das beste buddhistisch-vegetarische Lokal der Stadt wird von Mönchen geführt, allerdings nicht klösterlich-karg, sondern edel. Typisch sind die kunstreichen Fleisch- und Fischimitate. *Tgl.* | *Nongzhanguan Nanlu 10 (liegt nicht an der Straße! Durchgang von der Dongsanhuan Beilu am Nordende der Straßenbrücke aus nach Osten, achten Sie auf „Classical Furniture")* | *Tel. 65 92 36 27* | €€

LE QUAI ★ [133 E5]

Phantastisch: In einen Stahl-Glas-Neubau wurde hier ein repräsentatives, 250 Jahre altes Holzhaus aus der zentralchinesischen Provinz Anhui eingebaut, zudem gibt es eine große Terrasse mit Blick aufs Wasser – ein beliebter Treffpunkt an warmen Abenden. Die Küche steht dem Ambiente nicht nach. Serviert wird eine französisch inspirierte, chinesische Nouvelle Cuisine, die sich vor allem in der Präsentation vom Üblichen abhebt. *Tgl.* | *südlich gegenüber vom Arbeiterstadion am Nordufer des Teiches* | *Tel. 65 51 16 36* | €€€

SONGHELOU [136 B3]

Ein sehr traditionelles Lokal – kein Wunder, denn das Stammhaus im mittelchinesischen Suzhou ist über 200 Jahre alt, die Hauptstadtfiliale

> LOW BUDGET

> *Nanluogu Xiang:* In der stimmungsvollen Altstadtgasse, in der einst die Gong- und Trommelmacher zu Haus waren, reihen sich heute viele Lokale, die sich mit preisgünstigen Gerichten und englischen Aushängen auf ausländische Rucksackreisende eingestellt haben. [136 B4]

> *Wangfujing Xiaochi Jie:* Die erst wenige Jahre alte Garküchengasse im Altpekinger Stil bietet die billigste Möglichkeit, sich im Zentrum so ortstypisch wie billig satt zu essen. Oder man schnappt sich im Stehen ein paar Lammfleischspieße als Imbiss zwischendurch. Die Gasse zweigt im Südteil der Wangfujing (Fußgängerzone) nach Westen ab, kenntlich an einem Schmucktor. [136 B2]

ESSEN & TRINKEN

Chinesische Nouvelle Cuisine in einem Holzhaus in einem Neubau – im Le Quai

wurde 1984 eröffnet. Hier kann man typische Gerichte kennenlernen, darunter frittierte Milch, die mit Zucker gegessen wird. Große Auswahl an kalten Vorspeisen. *Tgl. | Taijichang Dajie 10 | Tel. 65 24 52 23 | U-Bahn 1: Wangfujing | €*

SOUTH SILK ROAD [132 A4]

Yunnan-Küche – auf den nach Tibet führenden Teehandelsweg bezieht sich der Name dieses trendigen Lokals mit Seeblick, sommers auch zum Draußensitzen. Große, durchgehend bebilderte Karte. Köstlich ist das Gemüse im Tontopf. Trinken Sie den frisch vergorenen, milchweißen Reiswein des Hauses. *Tgl. | Shichahai Qianhai Xiyan A-19 | Tel. 66 15 55 15 | €€*

sider ipp

XIAO WANG'S HOME RESTAURANT

Die Privatgaststätte ist auf ausländische Kundschaft eingestellt und gefällt durch ihren schlichten Charme. Große Auswahl auch an vegetarischen Gerichten, englische Karte, nette Bedienung. *Tgl. | diverse Filialen,* u. a.: *Qianhai Beiyan 15 | Tel. 66 17 55 58 | €* [132 A4]; *im Ritan-Park hinterm Nordtor | Tel. 85 61 59 85 | €€* [137 E2]

KÜCHE ANDERER LÄNDER

ALAMEDA ▶▶ [133 F4]

Insider Tipp

Die Leser von „That's Beijing" kürten das Lokal zum beliebtesten der Jahre 2005–2007. Besonders gefällt die entspannte Atmosphäre rings um einen gläsernen Minigartenhof, der wie ein großer, begrünter Schaukasten wirkt. Der Speisezettel spannt einen Bogen von Brasilien zum Mittelmeer. *Tgl. | Sanlitun Lu (liegt nicht an der Straße! Nahe dem Südende auf der Ostseite in die Gasse gehen, die auf Jazz-ya zuführt, dort rechts) | Tel. 64 17 80 84 | €€*

ASSAGGI ★ [133 F3]

Das Lokal zählt zur Elite der italienischen Restaurants der Stadt. Es zeichnet sich durch sein schönes Ambiente mit einer Dachterrasse aus. Die Portionen verstehen sich als Teile eines Dreigängemenüs. Äußerst günstiger Mittagstisch. *Tgl. | Sanlitun Beixiaojie 1 (nordöstlich der deutschen Botschaft) | Tel. 84 54 45 08* | €€€

BOOKWORM [133 F4–5] Insider Tipp
Speisen in der Leihbücherei! Wer nichts liest, kann seinen Laptop oder Taschen-PC mitbringen und gratis im Internet surfen. Ach ja, essen kann man auch: leckere Salate und andere westliche Sachen, die Namen tragen wie Balzac, Dante, Brecht oder Poi-

> SPEZIALITÄTEN

Genießen Sie die typisch Pekinger Küche!

Babao Fan – „Acht-Schätze-Reis", eine gehaltvolle Süßspeise auf Klebreisbasis

Basi Pingguo – frisch karamellisierte Apfelstücke, in Wasser abzuschrecken und schnell zu verzehren, ehe sie zusammenkleben

Doufu – Tofu, Bohnenquark, z.B. als Mapo Doufu: scharf (nach Sichuan-Art) mit Chili-Bohnen-Paste, oder als Jiachang Doufu: mild mit Pilzen und Lauch

Feuertopf mongolisch – Lammfleisch in hauchdünnen Scheiben, am Tisch in einer Fleischbrühe in wenigen Sekunden zu garen. Mit in den Topf wandern

Gemüse, Doufu und anderes, am Schluss machen Glasnudeln aus der Brühe eine Suppe. Geselliges Winteressen

Feuertopf Sichuan-Art – anderes Fleisch als beim mongolischen Feuertopf, vor allem eine sehr scharfe Brühe

Guotie – „Topfkleber": gebratene Teigtaschen mit Fleisch-Gemüse-Füllung

Huiguo Rou – Schweinefleisch, erst gekocht und dann gebraten, meist mit Paprikagemüse serviert, herzhaft

„Hundertjährige Eier" – Hühner- oder Enteneier, im Lehmmantel gelagert; intensiver Eigeschmack, als Vorspeise mit frischem Ingwer verzehrt

Jiaozi – Teigtaschen, typische Pekinger Volksküche, werden meist gekocht serviert, Standardfüllung: Schweinehack und Chinakohl. Spezielle Jiaozi-Lokale servieren auch andere Füllungen

Mantou – weiße Dampfbrote aus Weizen, traditioneller Pekinger „Sattmacher" anstelle von Reis (Foto)

Pekingente – bei der mit Honig marinierten und gegrillten Ente kommt es auf die Haut an. Kleine Stücke davon wickelt man sich mit weißem Lauch und einer speziellen Tunke in dünne Weizenfladen. Zur Ergänzung bestellt man Suppe und Gemüse, eventuell Nachtisch

Shaobing – in Fett ausgebratene, mit Lauch gefüllte Fladen, typische Volksküche

Shaomai – körbchenförmige Teigtaschen, Fleisch-Gemüse-Füllung

rot, dazu sind frische Fruchtsäfte zu haben. Günstiges Tagesmenü. *Tgl. | Nansanlitun Lu | Gebäude 4 (östlich abseits der Straße, über Außentreppe ins Obergeschoss gehen!)* | €€

JUSTINE'S [137 F3]
Das französische Restaurant des Jianguo-Hotels steht bei Pekings Europäern seit Jahren weit oben auf der Beliebtheitsskala. Das Mittagsmenü liegt bei 180 Yuan. Abends ist mit dem Doppelten zu rechnen. *Tgl. | Jianguomenwai Dajie 5 | Tel. 65 00 22 33, App. 80 39 | U-Bahn 1: Yong'anli* | €€€

LOTUS ROOT ▸▸ [132 A4]
Kleines Thai-Restaurant, beliebt bei jungen Leuten wegen der niedrigen Preise und der Dachterrasse. Die Küche ist schlicht, aber ordentlich. Nette Bedienung. *Tgl. | Yandai Xiejie 29 (zweigt von der Di'anmen Dajie zum See Houhai ab) | Tel. 84 01 55 44* | €

NUAGE [132 A4]
Ein Magnet in der Shichahai-Kneipen- und Restaurantlandschaft. Die vietnamesische Küche ist von großer Vielfalt. Um einen Tisch mit Seeblick zu ergattern, muss man ein Glückspilz sein. *Tgl. | Qianhai Dongyan 22 | Tel. 64 01 95 81* | €€

PURPLE HAZE ▸▸ [133 E4]
Günstiges und gutes Thai-Lokal beim Arbeiterstadion. Ein großes Buchregal verdeckt den größten Teil des Speiseraums; im Sommer stehen auch zwei Tische draußen in der ruhigen Gasse. Abends oft bis auf den letzten Platz besetzt. WLAN ist gratis! *Tgl. | in der rechten der zwei Gassen gegenüber vom Nordtor des Arbeiterstadions | Tel. 64 13 08 99* | €

NACHTMARKT

Die früheren exotisch-prallen Freiluft-Garküchenmärkte wurden trotz

Mit Glück mit Seeblick: ein Platz im Nuage

großer Beliebtheit als „hauptstadtunwürdig" eingestuft und geschlossen. Nur einer blieb übrig, und dessen Speiseangebot bietet auch für Pekinger nicht alltägliche Diät: Die Stände, die sich allabendlich in der *Dong'anmen Dajie* [136 B2] reihen, bieten gesottene Zikaden, Skorpione, Tintenfisch, Seidenraupen …

> CHINA IN TÜTEN

Am Ende hat sich aus vielen Einkaufstüten rasch ein Extrakoffer gefüllt

> Wer glaubt, dass es im Zeitalter der Globalisierung überall das Gleiche zu kaufen gibt, darf sich in Peking überraschen lassen: Neben der internationalen Warenwelt ist traditionell und modern Chinesisches in Hülle und Fülle zu haben.

Pekings reiche Kunsthandwerkstradition wirkt fort. Hinzu kommt ein günstiges Preisniveau, wobei Sie ordentlich feilschen können. Selbst Einkaufsmuffel mussten schon mit einem Koffer mehr zurückreisen.

Die für Ausländer ergiebigsten Einkaufsgegenden sind die *Wangfujing* [136 B1–3] mit ihrem bunten Branchenmix, die Antiquitätengasse *Liulichang* [135 F4] sowie *Jianguomenwai* [137 E–F3] mit Kaufhäusern und einem Textilmarkt. Haupteinkaufsstraßen für Einheimische sind neben der Wangfujing auch *Dongdan* [136 C2–3] und *Xidan* [135 E2]. Hochwertig, aber auch teuer ist das Warenangebot der Hotelläden.

Bild: Einkaufstempel Sun Dong An Plaza in der Wangfujing

EIN KAUFEN

ANTIQUITÄTEN & KUNST

Altertümer von vor 1795 dürfen ebenso wenig ausgeführt werden wie neue Kunst, sofern sie als nationales Kulturerbe gilt. Exportfähige Stücke tragen ein rotes Siegel und bedürfen einer schriftlichen Exportgenehmigung. Wer im staatlichen oder lizenzierten privaten Antiquitätenhandel kauft, erhält beides meist automatisch. Beim Erwerb von anderer Seite ist nie sicher, ob eine nachträgliche Exportgenehmigung erreicht werden kann. Alle, die gern feilschen und entweder Kenner sind oder das Risiko, übers Ohr gehauen zu werden, nicht scheuen, finden jedoch bei den privaten Antiquitätenhändlern, vor allem aber auf den Antik- und Flohmärkten ein reiches Betätigungsfeld. Achtung: Der Markt ist mit Fälschungen überschwemmt. Sind Sie kein ausgesprochener Kunstkenner, verlangen Sie am besten von vornherein Repliken. Oder wenden Sie sich dem aktuellen Kunstschaffen zu! Nirgends in China ist die Kunstszene lebendiger als in der Hauptstadt.

Spezialisten für Teppiche oder Steine verkaufen alle alles. *Dongsanhuan Nanlu | 400 m südlich der Panjiayuan-Lu-Kreuzung* [137 F6]

Alte Bücher, neuer Kitsch – auf dem Panjiayuan-Markt findet jeder etwas

ANTIK- UND FLOHMÄRKTE

Die ★ *Beijing Curio City,* ein kaufhausartiger Komplex mit riesigem Lichthof, ist zwar ungünstig gelegen, doch für Interessenten, die auf echt Antikes Wert legen und dies auch beurteilen können, die erste Adresse in der Stadt.

Lassen Sie sich nicht vom Erdgeschoss abschrecken, in dem Schmuck und neues Kunsthandwerk verkauft werden: Auf den drei Obergeschossen finden sich über hundert private Antiquitätenlädchen, seriös und keineswegs billig. Fast überall können Sie mit dem Inhaber persönlich verhandeln. Abgesehen von ein paar

Der ★ *Panjiayuan-Markt* ist ein Dorado für Flohmarktfans. Es gibt rund 3000 Stände (inklusive Läden in festen Bauten), die neben echt Antikem und Antiquarischem jede Menge Fälschungen und Repliken führen, dazu neues Porzellan und typischen Flohmarkttrödel. Bringen Sie genügend Stehvermögen mit, so besuchen Sie auch die Beijing Curio City und den Zhaojia-Möbelmarkt, die ganz in der Nähe liegen. *Panjiayuan Lu, Ecke Dongsanhuan Nanlu* [137 F6]

LIULICHANG ★ [135 F4]

Die Kunst- und Antiquitätengasse schlechthin, und das seit Kaisers Zeiten. In den im alten Stil errichteten Bauten finden sich vor allem renommierte, teure Läden für Gemälde, Kalligrafie, Jade, Porzellan, Cloisonné, Schnitzereien und anderes. Hinzu kommen Lädchen und Stände von Privathändlern.

Jigu Ge führt die größte Auswahl an Repliken von Kunst früherer chinesischer Dynastien. *Liulichang-Ost 136 (an der Hauptstraße)*

Rongbao Zhai, eine alte Kunsthandlung, zeigt Tuschbilder im klassischen Stil, aber auch Ölgemälde. Eine Spezialität sind Farbholzschnitte, die das Geschäft in einem aufwendigen Verfahren selbst herstellt. Teuer. *Liulichang-West 19–49 | U-Bahn 2: Hepingmen*

PEACE ART [137 E2]

Ein sehr edler Laden für chinesische Kunst und klassische Möbel. Verkauft wird nur das Beste – zu entsprechenden Preisen. Allein die Besichtigung ist ein Genuss, den man im zugehörigen Restaurant und Teehaus noch abrunden kann. *Guanghua Lu 17 (Südseite des Ritan-Parks, westlich vom Südtor)*

798 SPACE ▸▸ [0] Insider Tipp

Zentrale Avantgarde-Galerie des aufregenden Dashanzi Art District mit weiteren Galerien in umgenutzten Fabrikhallen unweit der Flughafenstraße. *Jiuxianqiao Lu 4 (Zufahrt aus Richtung Stadt rechter Hand zwischen den zwei Fußgängerbrücken, ganz auf das Gelände fahren – sehr weitläufig!) | Tel. 64 38 48 62*

WAN FUNG ART GALLERY [136 B2]

Interessante Privatgalerie für aktuelle, marktgängige Kunst, untergebracht in den Seitenhallen des kaiserlichen Archivs. *Nan Chizi Dajie 136 (auf dem Gelände des Kaiserlichen Archivs) | U-Bahn 1: Tian'anmendong; Filiale: West-Liulichang 53 | U-Bahn 2: Hepingmen*

GELEHRTEN- & KÜNSTLERBEDARF

Jedes bessere Kaufhaus, jedes Schreibwarengeschäft und viele Kunstgewerbeläden verkaufen Dinge der klassischen Gelehrtenkultur, die von Kugelschreiber und Computer noch nicht verdrängt wurden. Pinsel von dünn bis dick, Tusche in Form

MARCO POLO HIGHLIGHTS

★ **Beijing Curio City**
Echt Antikes und neues Kunsthandwerk auf vier klimatisierten Etagen (Seite 78)

★ **Panjiayuan-Markt**
Der Wochenend-Flohmarkt ist ein Sammlerdorado (Seite 78)

★ **Liulichang**
Die Gasse der Kunst- und Antiquitätenhändler (Seite 78)

★ **Hongqiao-Markt**
Tuschbilder? Gerupfte Hühner? Perlenschnüre? Radios? Alles! (Seite 81)

★ **Sun Dong An Plaza**
Moderner Konsumtempel mit Altpekinger Sortiment (Seite 81)

★ **Yashow-Markt**
1000 Krawatten, Stoffe, Schneider: das Kleiderkaufhaus von Sanlitun (Seite 82)

schwarzer Blöcke, die auf Reibsteinen mit Wasser angerieben wird, ein saugfähiges Papier *(xuanzhi)* sowie als Zubehör Pinselständer (zum Ablegen bei Gebrauch), Pinseldosen (zur Aufbewahrung) und Wasserkännchen.

Kalligrafiebedarf in der Liulichang

Ebenso wichtig wie diese Utensilien sind die Siegelstempel, deren Abdruck (vorwiegend der Name des Besitzers) in Ostasien das gleiche dokumentarische Gewicht hat wie eine persönliche Unterschrift. Der Wert des Stempels hängt in erster Linie vom Stein ab. Das Eingravieren der Zeichen – meist in archaischer Siegelschrift – ist dagegen billig. Vielerorts kann man sich als Ausländer einen chinesischen Namen geben und als Andenken seinen persönlichen Stempel anfertigen lassen. Dazu gehört dann noch ein Porzellandöschen mit roter Stempelfarbe.

In der Antiquitätenstraße Liulichang gibt es mehrere Läden für Gelehrtenbedarf. Die edelsten Stücke führt *Rongbao Zhai* zu teils astronomischen Preisen.

JADE

In China genießt sie seit je höchste Wertschätzung. Schon die Insignien der Shang-Könige vor über 3000 Jahren wurden daraus gefertigt. Konfuzius sah in der Jade seine moralische Weltsicht verkörpert. „Glatt und glänzend, gleicht sie der Güte; hart und dicht, gleicht sie der Verstandeskraft; klar geschnitten, doch nicht schneidend, gleicht sie der Gerechtigkeit; von klarem Klang, gleicht sie der Musik; ihre Makel nicht verbergend, gleicht sie der Wahrhaftigkeit; von schönem Äußeren, gleicht sie der Vertrauenswürdigkeit", soll er befunden haben.

Mineralogisch gesehen handelt es sich meist um Nephrit. Für Schmuck wird auch das härtere und kostbarere Jadeit verwendet. Grün bis Weiß sind die Grundfarben, zuweilen aber machen gerade die Verfärbungen den Reiz eines Stückes aus.

Heute wird Jade in großen Manufakturen geschliffen, z. B. in der *Beijing Jadeware Factory,* deren

Fabrikladen eine große Auswahl führt: *Mo–Fr 8.30–17 Uhr | Guangming Lu 13 (im Hinterhaus: von Osten kommend letzte Nebenstraße vor der Eisenbahnbrücke hineingehen, dann rechts)* [137 D5]. Jade aus neuerer Produktion ist auch in den meisten Kunsthandwerksläden erhältlich.

KAUFHÄUSER & EINKAUFSZENTREN

FREUNDSCHAFTSLADEN [137 E3]
Einst das Kaufhaus für Ausländer schlechthin, heute wegen überhöhter Preise gemieden. Trotzdem gibt es Gründe zu kommen, vor allem, wenn man's eilig hat: Es gibt keinerlei Ramsch, die Auswahl ist groß, und unter einem Dach vereint sich nahezu alles, was Ausländer in China gern kaufen: Kunsthandwerk, chinesische Arznei, einheimische Schnäpse, Stoffe, Chinateppiche, englische Chinaliteratur und vieles mehr. *Jianguomenwai Dajie 17 | U-Bahn 1 und 2: Jianguomen*

HONGQIAO-MARKT ★ [136 C5]
Dörrobst, Frischfisch, Medikamente, Schuhe, Seide, Kaschmir, Schmuck, Taschenlampen, Kunsthandwerk, Computerteile und ein Stockwerk voller Perlen: In dem kuriosen Sortiment kauft man auf fünf Etagen fast zu Großhandelspreisen. *Nördlich gegenüber vom Osttor des Himmelsaltar-Parks*

ORIENTAL PLAZA [136 B–C3]
Das größte innerstädtische Einkaufszentrum: Wenn Sie auf der einen Shoppingetage bis ans Ende und auf der anderen wieder zurück laufen, haben Sie über einen Kilometer zurückgelegt. Es gibt alles aus der internationalen Warenwelt vom Sportschuh bis zum Heimkino, aber wenig, was als Mitbringsel in Frage käme. *Dong Chang'an Jie*

SUN DONG AN PLAZA ★ [136 B–C2]
Einzelhändler auf sieben Etagen: Frisch renoviert, ist der größte Einkaufstempel der Fußgängerzone schicker denn je. Schön ist das traditionelle Lebensmittelangebot im Keller. Dort findet sich auch chinesische und internationale Gastronomie. *Ecke Jinyu Hutong | U-Bahn 1: Wangfujing*

XIUSHUI-MARKT [137 E3]
Was einst als Budensammlung begann, ist heute eine Art Kaufhaus – freilich noch mit lauter kleinen Stän-

> LOW BUDGET

- *Haoyou Emporium*: Dieses eher kleine Kaufhaus führt neben dem Üblichen auch noch Teile eines mehr traditionellen Sortiments, das woanders schon als unzeitgemäß weggeräumt wurde. Auch lustige und billige Kinderkleidung ist zu haben. *Wangfujing 277 | U-Bahn 1: Wangfujing* [136 B2]
- *Liulichang-West:* Gemeint sind hier nicht die teuren Läden, sondern die Straßenstände, die sich zum Westende hin drängen und allerlei Kunsthandwerk verkaufen. Hier findet man immer ein billiges Souvenir, wenn man den Preis ordentlich herunterhandelt und sich nichts als angeblich antik aufschwatzen lässt. [135 F4]

den darin. Das Sortiment reicht von Kleidung über Schuhe, Taschen und Kunsthandwerk bis zu Perlen und Schmuck. Feilschen ist Pflicht, denn die oft unangenehm aggressiven Händler verlangen gern Phantasiepreise. Im Keller hauchen Reparaturhandwerker defekten Kameras, Uhren und Mobiltelefonen neues Leben ein. *Jianguomenwai Dajie, Ecke Dongdaqiao Lu | U-Bahn 1: Yong'anli*

YASHOW-MARKT ★ [133 F4]
Der „Yaxiu Fuzhuang Shichang", zu deutsch: Yaxiu-Kleidermarkt, ähnelt sehr dem bekannteren Xiushui-Markt, ist etwas kleiner, aber viel angenehmer, da die Händler freundlicher sind. Riesige Auswahl an Koffern, Taschen und Gürteln, ferner Sofakissen und Sportartikel, auf der 4. Etage auch viel Kunsthandwerk sowie Fußmassage und Pediküre. *Gongrentiyuchang Beilu 58 (an der Fußgängerbrücke)*

KLEIDUNG & STOFFE

Attraktive Angebote gibt es zuhauf. Am besten ist der Yashow-Markt, vor allem, wenn man billig einzukaufen wünscht – aber Achtung: kräftiges Feilschen nicht vergessen! Hier kann man auch Stoffe kaufen und sie sich schneidern lassen. Ein ähnliches Sortiment findet sich im Xiushui-Markt. Achten Sie bei Billigware unbedingt auf Fertigungsfehler wie schiefe Nähte. Lassen Sie schneidern, räumen Sie für die Arbeit mindestens zwei Tage und zwei Anproben ein.

Soll es etwas Besseres und Originelleres sein, achten Sie auf die Ware chinesischer Designer, z.B. in der *Youyi Shopping City* [133 F3], dem zum Lufthansa Center gehörenden Kaufhaus. Die hat dann freilich auch ihren Preis. Am anderen Ende der Zeitskala steht *Ruifuxiang (Dashalan 5)* [136 A4], der im 19. Jh. gegründete traditionsreichste Seidenladen der Stadt, der aber auch Woll-, Baumwoll- und Pelzwaren führt. Oder wollen Sie richtig viel Geld ausgeben? Dann ist das *Peninsula Hotel* [136 C2] Ihr Ziel, ein Kaleidoskop des Luxus: Armani, Chanel, Dior, Lanvin, Prada, Ungaro …

KUNSTHANDWERK

Die Auswahl ist groß und die Fülle der Formen, Farben und Materialien erstaunlich. Neben Nippes ist auch schöner Schmuck zu entdecken, z. B. Armreifen aus Cloisonné, sowie hübsch gestaltete Gebrauchsgegenstände. Gute Adressen sind das Erdgeschoss der Beijing Curio City und der Panjiayuan-Markt [137 F6]. Schöne Lackwaren führt *Shendongtang Baihuo (Wangfujing 223)* [136 B2].

MÖBEL

Erste Adresse mit reicher Auswahl an antiquarisch-traditionellem Mobiliar ist der kaufhausartige *Zhaojia-Markt (Dongsanhuan Nanlu, nördlich der Panjiayuan-Kreuzung)* [137 F6]. Eine ganze Straße voll Möbel, antik und nachgemacht, gibt es am Stadtrand: *Gaobeidian Gujiaju Cun (Taxi ab U-Bahn 1: Sihui Dong)* [139 D5]. Man fertigt auch nach Auftrag. Insider Tipp

MUSIK

Tonbandkassetten und CDs mit alter und neuer chinesischer sowie westlicher Musik findet man in großer

Auswahl in der 4. Etage des *Foreign Languages Bookstore (Wangfujing 235)*. Musikinstrumente sind billig. Schauen Sie in der Wangfujing bei *Shengdongtang Baihuo* (Hausnr. 223) ins 1. Obergeschoss. [136 B2]

PORZELLAN

Die Antiquitätenläden führen manch schönes Stück vom Ende der Kaiserzeit. Wunderschönes neues Seladon im Song-Stil, teils auch in modernen Formen, führt *Longquan Celadon (Ost-Liulichang 28)* [135 F4]. Porzellan aus Jingdezhen (Chinas Meißen) finden Sie in der *Jingdezhen Porcelain Town (Wangfujing 277)* [136 B2].

Insider Tipp

TEE

Große Auswahl aus allen Anbaugebieten Chinas. Verkostung bieten die *Ten-Fu-Filialen*, z.B. *Ost-Liulichang 65* [135 E4] oder im Kellergeschoss des *Sun Dong An Plaza (Wangfujing/ Jinyu Hutong)* [136 B2].

TEPPICHE

Seit dem 19. Jh. werden in Peking Teppiche geknüpft. Führend ist die Teppichfabrik Nr. 1 mit ihrem *Hui An Carpet Shopping Center (Anding Lu, nördlich der 3. Ringstraße)* [138 C4–5]. Ebenfalls lohnend: der Freundschaftsladen.

THEATERBEDARF

„Bedarf" haben Sie vielleicht nicht an einer roten Trommel, einem Opernkostüm oder allerlei Requisiten vom Schwert bis zur Fahne, aber manches aus den Läden dieser Gasse gibt ein dekoratives, originelles China-Souvenir. *Xi Caoshi Jie* [136 A4–5]

Insider Tipp

Aufguss im Teeladen: Ten Fu in der Kunst- und Antiquitätengasse Liulichang

> TECHNO ODER PEKINGOPER?

Oder erst Akrobatik, dann in die Kneipe?
Hier ein Wegweiser durch die Pekinger Nächte

> Die Pekinger haben das Nachtleben entdeckt. Den Kneipenbummel bis zwei oder drei Uhr in der Frühe auszudehnen ist kein Problem. Auch das Kulturangebot wird immer größer.

Für ausländische Gäste stehen natürlich Pekingoper, Akrobatik und Teehaus-Varieté obenan, und von diesem Dreigespann Altpekinger Abendunterhaltung – für Pekings Jugend mega-out – sollten Sie nichts versäumen.

An englischsprachigen Veranstaltungsmagazinen liegen „City Weekend" und „That's Beijing" gratis in vielen Kneipen und manchen Hotels aus. Auch die Zeitung „China Daily" sowie „Beijing Weekend" bringen Veranstaltungshinweise.

AKROBATIK

★ Im Balancieren, Jonglieren und in verwandten Künsten sind Chinesen anerkannte Weltspitze. Zuweilen

Bild: Pekingoper

AM ABEND

treten auch Geräuschimitatoren auf. Die beliebteste Akrobatikbühne ist im Chaoyang-Theater. *Beginn 19.15 Uhr | Eintritt ab 180 Yuan | Dongsanhuan Beilu 36 | Tel. 65 07 24 21* [137 F1]

BALLETT & FOLKLORE

Volkstanz ist in China eine beliebte Form von Bühnenunterhaltung. Chinas ethnische Minderheiten, alle mit eigenen Tänzen und Trachten, sorgen für eine bunte Vielfalt. Auf professionellem Niveau zeigt dies beispielsweise die Chinesische Opern- und Tanztruppe *(Zhongguo Gewu Tuan)*, die in wechselnden Sälen auftritt.

BARS, KNEIPEN, TANZLOKALE

Wer abends noch Energie fürs Tanzparkett übrig hat oder den Tag bei einem Bier oder Cocktail ausklingen lassen möchte, findet im eigenen Ho-

BARS, KNEIPEN, TANZLOKALE

Salsa und Merengue: Peking hat heiße Rhythmen für Latinofans

tel gewöhnlich ein entsprechendes Angebot. Aber vielleicht möchte man ja nicht unbedingt andere Hotelgäste treffen, denen China genauso fremd ist wie einem selber?

Die Szene in *Sanlitun* [133 F4], seit den 1990er-Jahren Inbegriff des Pekinger Nachtlebens, fiel 2005 großenteils einer Totalsanierung zum Opfer. Spätestens bis Olympia 2008 wird ein neues Sanlitun entstanden sein, glamourös und teuer. Ein Teil der Szene hat sich Richtung Arbeiterstadion verlagert. Dort, an der Arbeiterstadion-Weststraße *(Gongrentiyuchang Xilu)* gibt es ein ganzes großes Gebäude voller Bars, Clubs und Restaurants für eifrige Nachtschwärmer. Es ist dank üppiger Neondekoration abends nicht zu verfehlen [133 E5].

Das neue In-Viertel aber, das sich ab 2003 fast rauschhaft entwickelt hat (und viel schöner ist als Sanlitun je war) ist die ★ *Houhai-Gegend* [131 F3–4, 132 A3–4] rund ums Marmorbrückchen Yinding Qiao, das die Seen Houhai und Qianhai trennt; die Szene erstreckt sich in den alten Gassen und an den Uferpromenaden bis zum Trommelturm und zum Nordende des Houhai. Am Wochenende drängt sich hier *tout Pékin,* dann tobt der sprichwörtliche Bär. Dank niedriger Mieten sind Speis und Trank meist erschwinglich und mit dem Blick aufs Wasser oder von Dachterrassen über alte Dächer auch erquicklich zu genießen. Hip und teuer ist die „Lotus Lane" am Qianhai-Westufer. Rund um das Brückchen ist die Gegend ziemlich laut, zumal etliche Bars ihre Boxen draußen aufstellen. Wer es ruhiger liebt, findet in der Mitte des Houhai-Südufers einen Abschnitt, wo man sein Tsingtao Beer unbeschallt am Wasser trinken kann. Am schönsten ist es hier in der Abenddämmerung.

BAR BLUE ▶▶ [133 F4]
Blau, blau, blau: Wände und Glasböden machen dem Namen Ehre. Die Bar gewann schon Publikumspreise für ihre Happy Hour und ihre Dachterrasse. Allabendlich legen DJs Platten auf. *Sanlitun Lu | Tongli 4 (am Shoppingtempel 3.3 reingehen, 4. Etage im Eckhaus hinten links über Bistrot Parisienne)*

Insider Tipp **CENTRO** [137 F2]
Diese elegante Hotelbar ist nicht nur bei Hotelgästen ein Renner. Leser des Stadtmagazins „That's Beijing" wählten sie mehrfach zur besten Bar der Stadt. Sie ist schick, groß und angenehm, freilich nicht billig. *Kerry Center Hotel | Guanghua Lu 1*

COCO BANANA ▶▶ [133 E5]
Angesagter Tanztempel im Nightlifekomplex am Arbeiterstadion. Granit, Lasershows und Go-go-Tänzer sorgen für cool-erotische Stimmung. Zum Chill-out gibt's eine Terrasse. *Gongrentiyuguan Xilu 8 (Gebäuderückseite)*

Insider Tipp **NO NAME BAR** [132 A4]
Der Ort zum Sich-Wohlfühlen und Entspannen, und dies nicht erst am Abend – mit Blick aufs Wasser oder ins schöne Dekor mit Kunst und Kolonialflair. Hier kann man mal die Zeit anhalten. *Qianhai Dongyan 3 (neben Restaurant Nuage)*

PALACE VIEW BAR [136 B3]
Unstrittig ist dies der Ort für den schönsten Sonnenuntergangsdrink: Insider Tipp Man blickt auf die Dächer des Kaiserpalastes. *10. Stock des Grand Hotel | Dong Chang'an Jie 33*

SALSA CARIBE [133 F4–5]
Mekka der Latinofans, schick und modern, mit zentraler Tanzfläche. Wenn nicht der DJ auflegt, spielt auch eine echte Band. *Gongrentiyuchang Beilu 4 (um das östliche Eckgebäude zur Nansanlitun Lu nach hinten durchgehen)*

SCHILLER'S [133 F3]
Deutsches Kneipenrestaurant in schöner Lage am Kanal, Terrasse, reelle Preise. *Liangmahe Nanlu 1 (westlich der Sanlitun Lu)*

SEX AND DA CITY [132 A4]
Nicht so unzüchtig, wie der Name suggeriert, sondern eine Cocktaillounge mit Tanzfläche; Di, Do und Sa legen DJs House und Hiphop auf. *Qianhai Xiyan („Lotus Lane")*

MARCO POLO HIGHLIGHTS

★ **Akrobatik**
Atemberaubende Schau ohne Sprachprobleme (Seite 84)

★ **Houhai-Gegend**
Hier tobt der Bär – mit Seeblick und stimmungsvollen Alternativen (Seite 86)

★ **Hu-Guang-Gildenhaus**
Musiktheater mit Stil (Seite 89)

★ **Teehaus-Varieté**
Musik und Kleinkunst im Lao She Teahouse und im Tianqiao Paradise Teahouse (Seite 89)

THE TREE [133 F4]

Die schlichte Kneipe in Rest-Sanlitun lockt vor allem die Liebhaber Insider Tipp belgischen Biers – 47 Sorten sind erhältlich – und von Pizza, die aus einem zünftigen Pizzaofen kommt. Auch sehr preisgünstige Cocktails sind zu haben. *Sanlitun Lu 43 (in der 2. westlichen Parallelgasse hinterm Shoppingkomplex 3.3; auf den großen Baum achten)*

Weltspitze: Chinesische Akrobatik

VICS ▶▶ [133 F4–5]

Pekings populärste Diskotanzpartyadresse hält sich schon seit einigen Jahren mit Erfolg, auch als Ort zum Abschleppen und Abschleppenlassen. Aufgelegt wird Reggae, Hip-Hop, Soul, Rock und Pop. *Am Nordtor des Arbeiterstadions*

MUSIK

EAST SHORE LIVE JAZZ CAFÉ [132 A4] Insider Tipp

Am Rand des Kneipenviertels versteckt sich diese kleine Oase für Jazz-Enthusiasten. Leiter ist Liu Yue, einst Saxophonist der Rocklegende Cui Jian. Dachterrasse, Livekonzerte Do–So, Reservierung ratsam. *Qianhai Nanyan 2 (Obergeschoss) | Tel. 84 03 21 31*

WHAT? BAR [132 A6] Insider Tipp

Wenn hier die Pekinger Undergrundbands loslegen, sitzen Sie stets in der ersten Reihe: Der Laden ist winzig. Fast jeden Abend ist etwas los. *Beichang Jie 72 (beim Westtor des Kaiserpalastes)*

PEKINGOPER

Eintrittspreise meist ab 100 Yuan

CHANG'AN THEATER [137 D3]

Das Ziel für wahre Enthusiasten, ist dies doch einer der wenigen Orte, wo noch ganze Pekingopern gegeben Insider Tipp werden – meist nur am Wochenende ab 19.30 Uhr. *Jianguomennei Dajie 7 | Tel. 65 10 13 09 | U-Bahn 1 und 2: Jianguomen*

HU-GUANG-GILDENHAUS ★ [135 F4–5]
1995 wurde Pekings schönste alte Opernbühne (1830 erbaut) wieder in Betrieb genommen. In nostalgischem Teehausambiente erlebt man ein Programm mit einzelnen Szenen. *Beginn 19.30 Uhr | Hufangqiao 3 | Tel. 63 51 82 84 (Reservierung erforderlich)*

LIYUAN THEATRE [135 F5]
Das Programm im großen „Birnengarten-Theater" ist auf ein ausländisches Publikum zugeschnitten. *Beginn 19.30 Uhr | im Qianmen-Hotel | Yong'an Lu 175 | Tel. 63 01 66 88, App. 88 60*

SHOW

THE LEGEND OF KUNGFU [137 D5]
Immer mal wieder wird in Peking Chinas Geschichte für eine Bühnenshow ausgeschlachtet, aber diese hier zeigt echte Könner. Erzählt wird die Geschichte eines Novizen, der die Geheimnisse der waffenlosen Kampfkunst erlernt. *Tgl. 19.30 Uhr | Red Theatre | Xingfu Dajie 44 | Karten (ab 180 Yuan) unter Tel. 67 14 24 73 | www.legendofkungfu.com*

TEEHAUS-VARIETÉ

★ Immer ist das Programm schön bunt: Akrobatik, Opernarien, verblüffende Geräuschimitationen, Kabarett, Zauberei. Im Eintrittspreis inbegriffen sind Tee und allerlei Knabberzeug.

LAO SHE TEAHOUSE [136 A3]
Nein, dies ist nicht jenes Pekinger Teehaus, das Lao She (1899–1966) zu seinem Drama „Chaguan" („Das Teehaus") inspirierte. Aber bei einer so gut gemachten Mogelei wird sich niemand beschweren. *Tgl. 19.50 Uhr | Eintritt 60–180 Yuan | Qianmenxi Dajie 3 | Dawancha Commercial Building | Tel. 63 03 68 30 | U-Bahn 2: Qianmen*

TIANQIAO PARADISE TEAHOUSE [136 A5]
Mit Abstand Pekings schönstes Teehaus: ein zweigeschossiger Saal aus dem Jahr 1933 mit großer Bühne. Das 90-minütige Programm ist so bunt, wie es sich gehört. Erläuterungen auch auf Englisch. *Beginn 19.30 Uhr | Eintritt 150 Yuan | Tianqiao Shichang 113 (im Hinterhaus) | Tel. 63 04 06 17*

> LOW BUDGET

- *Bummeln und Fontänengucken auf der Wangfujing:* Machen Sie's wie die chinesischen Hauptstadtgäste: Rausgehen statt reingehen, raus nämlich zum Bummeln auf der Wangfujing. Allabendlich um acht schießen dort vor dem alten Kaufhaus Baihuo Dalou Musikfontänen aus dem Boden. [136 B2]
- *Free Transform:* Der Name ist kurios, der Ort prima. Hat man seine Runde durchs Nachtleben der Shichahai-Gegend gedreht, kann man hier einkehren. Die abseitige Lage garantiert billige Getränkepreise. Von der Dachterrasse blickt man hinüber zum Trommelturm. *Ecke Gulou Xidajie/Jiugulou Dajie* [132 A3–4]
- *Freiluftkonzerte:* Laienmusiker spielen und singen abends am Stadtgraben in der Grünanlage östlich vom wieder aufgebauten Stadttor Yongding Men. [136 B6]

> SCHLUMMER UNTERM CHINAMOND

Des Kaisers Schlafgemach ist nicht zu mieten, doch komfortabler als im Palast ruht man heute allemal

> Pekings Herbergen sind so zahlreich und so gut ausgestattet wie nie – dafür haben die Olympischen Spiele gesorgt. Nicht überall halten Serviceniveau und Ausbildung des Personals mit dem Expansionstempo mit. Gleichwohl nächtigt man in Peking meist sehr komfortabel, und wenn nicht gerade eine Großveranstaltung ansteht, auch zu vertretbaren Preisen. Außerhalb der Saison können erhebliche Preisnachlässe Luxushotels auch für kleinere Geldbeutel erschwinglich machen. Die meisten Hotels sind sehr groß und besitzen wenig eigenständiges Profil. Häuser mit Altpekinger Flair finden sich fast nur in der unteren Preisklasse. Serviceeinrichtungen wie Coffeeshop oder westliches Restaurant mit Frühstücksbüfett, Businesscenter, Souvenirladen mit Briefmarken- und Zeitschriftenverkauf sowie Geldwechselschalter finden sich in allen Häusern

Bild: Bamboo Garden Hotel

ÜBER NACHTEN

des gehobenen und mittleren Preisniveaus, von seltenen Ausnahmen abgesehen, und natürlich haben alle Zimmer separate Bäder, sind im Winter beheizt und im Sommer klimatisiert. Die gehobene Preisgruppe bietet zusätzlich aufwendig dekorierte Entrees, Bars und Diskotheken, Fitnesscenter, Schwimmbad, Businesscenter mit 24-Stunden-Service, Hotelarzt, Tagungsräume und dergleichen sowie qualifizierteres Personal.

Die meisten modernen Luxushotels befinden sich im Osten und Nordosten der Stadt. Unweit des Flughafens und in der Nähe des Diplomatenviertels sowie der Mehrzahl ausländischer Firmenrepräsentanzen gelegen, eignen sie sich speziell für Geschäftsreisende. Bei einem vorwiegend touristischen Besuch sind die Innenstadthotels eindeutig vorzuziehen, besonders wenn man vor dem Frühstück einmal im Park beim

Schattenboxen zusehen und abends lieber unter Einheimischen bummeln als an der Hotelbar sitzen möchte.

Wundern Sie sich nicht, wenn Vorkasse verlangt oder beim Einchecken eine Sicherheitszahlung für Telefonate, Wäsche etc. eingefordert wird. Die teureren Hotels schlagen bis zu 15 Prozent für Trinkgeld auf. Im Folgenden wurden die Endpreise nach vollem Tarif zugrunde gelegt.

Beliebt, bewährt und behaglich: Lobby im Jianguo Hotel

HOTELS €€€

BEIJING HOTEL [136 B3]

Die Grande Dame der Pekinger Hotellerie war bis um 1980 das erste Haus am Platz. Zu den prominenten Gästen gehörten Politiker wie Sun Yatsen, Prinz Sihanouk und Richard Nixon. Die zwei Altbauflügel entstanden 1917 und 1954; sie wurden 1999 einer Generalrenovierung unterzogen. Berühmt sind ihre Fest- und Bankettsäle, die schon manchen Staatsempfang gesehen haben. Der Hochhausflügel von 1974 wurde 1999/2000 umgebaut und erweitert. Ein großes Plus des 910-Zimmer-Hauses ist die Lage am Beginn der Wangfujing in Spaziergehentfernung vom Tian'anmen-Platz. *Dong Chang-an Jie 33* | *Tel. 65 13 77 66* | *Fax*

65 13 73 07 | www.chinabeijinghotel.com.cn | U-Bahn 1: Wangfujing

CROWNE PLAZA HOTEL ★ [136 B–C 1–2]
Die angenehmste der neuen Herbergen an der Wangfujing, also mitten in der Innenstadt gelegen: geräumig, doch nicht pompös, und bestens ausgestattet. Am ebenerdigen Atrium liegt eine Galerie für moderne Kunst, gelegentlich finden Konzerte statt. 382 Zimmer. *Wangfujing 48 | Tel. 59 11 99 99 | Fax 59 11 99 98 | www.ichotelsgroup.com*

GREAT WALL SHERATON [133 F3]
Riesiges First-Class-Hotel mit 827 Zimmern unweit der Botschaften und Firmenrepräsentanzen im Osten der Stadt. Zu den üblichen Einrichtungen (mehrere Bars und Restaurants, Schwimmbad, Disko, Fitnessraum etc.) gesellt sich ein großer Garten. *Dongsanhuan Beilu 10 | Tel. 65 90 55 66 | Fax 65 90 53 98 | www.sheraton.com*

HILTON ★ [133 F2]
Neben dem teureren China World das meistgelobte Hotel der Stadt. Für Geschäftsleute günstig ist die Fußwegentfernung zum Lufthansa Center. Ausgezeichnete Gastronomie. Tennis, Squash. 375 Zimmer. *Dongfang Lu 1, Dongsanhuan Beilu | Tel. 58 65 50 00 | Fax 58 65 58 00 | www.hilton.de*

JIANGUO HOTEL ★ [137 F3]
Das erste Joint-Venture-Hotel Pekings, Anfang der 1980er-Jahre im südöstlichen Geschäfts- und Botschaftsviertel errichtet, ist wegen seiner gastlichen Atmosphäre und des erfahrenen Service besonders beliebt. Trotz seiner 426 Zimmer wirkt es klein und mit den hübschen Gartenhöfen fast intim. Das französische Restaurant Justine's zählt zu den besten der Stadt. Die Ausstattung mit Schwimmbad, Businesscenter etc. entspricht dem Standard. *Jianguomenwai Dajie 5 | Tel. 65 00 22 33 | Fax 65 00 28 71 | www.hoteljianguo.com | U-Bahn 1: Yong'anli*

RADISSON SAS HOTEL [133 E2]
Das 362-Zimmer-Haus liegt direkt am neuen Messezentrum. Die Gäste können für ihr Zimmer zwischen den Designvarianten „Italienisch" und „Chinesisch" wählen. *Bei Sanhuan Donglu 6A (Zufahrt von der Qisheng Nanlu auf der Rückseite des International Exhibition Centers) | Tel. 64 66 33 88 | Fax 64 65 31 86 | www.beijing.radissonsas.com*

MARCO POLO HIGHLIGHTS

★ Crowne Plaza Hotel
Komforthotel mit Kultur und mittendrin (Seite 93)

★ Jianguo Hotel
Bewährter Service, beliebter Treffpunkt (Seite 93)

★ Hilton
Luxus mit Gegenwert: das Haus mit den zufriedensten Gästen (Seite 93)

★ Traders Hotel
Für Geschäftsreisende: die Alternative am World Trade Center (Seite 95)

HOTELS €€

Insider Tipp **HUA DU HOTEL** [133 F3]
Älteres Komforthotel mit 514 Zimmern, das sich durch seine Lage nahe Lufthansa Center und Botschaftviertel sowie ein gutes Preis-Leistungs-Verhältnis empfiehlt. *Xinyuan Nanlu 8 | Tel. 65 97 11 66 | Fax 65 97 16 15*

MINZU HOTEL [135 E2–3]
Einst als sozialistisches Großhotel erbaut, heute nach Umbau eine anständige moderne Herberge mit 473 Zimmern. *Fuxingmennei Dajie 51 | Tel. 66 01 44 66 | Fax 66 01 48 49 | www.minzuhotel.cn*

NEW CENTURY HOTEL [130 B4]
Preiswertes Fünfsternehaus mit 712 Zimmern, Pool, Tennisplätzen und Kegelbahn. Unweit des Zoos günstig für Ausflüge zum Sommerpalast und in die Westberge gelegen. *Shoudu Tiyuguan Nanlu 6 | Tel. 68 49 20 01 | Fax 68 49 11 03 | www.newcenturyhotel.com.cn*

> LUXUSHOTELS

Zu schade, um nur drin zu schlafen

CHINA WORLD HOTEL [137 F3]
Als Teil des World Trade Centers (direkter Zugang) wendet sich die in Ausstattung und Service derzeit wohl beste Herberge der Stadt speziell an Geschäftsleute (716 Zimmer ab 210 Euro). *Jianguomenwai Dajie 1 | Tel. 65 05 22 66 | Fax 65 05 08 28 | www.shangri-la.com | U-Bahn 1: Guomao*

GRAND HOTEL [136 B3]
Von den oberen Stockwerken blickt man auf die Dächer des nahe gelegenen Kaiserpalastes. 218 Zimmer ab 230 Euro. *Dong Chang'an Jie 33 | Tel. 65 13 77 88 | Fax 65 13 00 48 | www.lhw.com | U-Bahn 1: Wangfujing*

KEMPINSKI [133 F3]
Was das China World Hotel fürs World Trade Center, ist das Kempinski fürs Lufthansa Center: Zentrum eines Büro-, Einkaufs- und Gaststättenkomplexes. Zudem ist es von den Luxushotels das flughafennächste und das architektonisch gelungenste. Unterm Dach befindet sich ein tolles Fitnesszentrum. 526 Zimmer ab 238 Euro. *Liangmaqiao Lu 50 | Tel. 64 65 33 88 | Fax 64 65 33 66 | www.kempinski-beijing.com*

PENINSULA BEIJING [136 C2]
Sehr pompös mit seinem gewaltigen China-Dach, doch wo sonst findet man Trinkwasserzapfstellen auf den Zimmern oder beheizte – also beschlagfreie – Badezimmerspiegel? Wer will, kann sich im Rolls-Royce vom Airport abholen lassen. Sehr gute Gastronomie und viele Luxusläden. 530 Zimmer ab 280 Euro. *Jinyu Hutong 8 | Tel. 85 16 28 88 | Fax 65 10 63 11 | www.peninsula.com*

ST. REGIS [137 E2]
Der opulente Dekor verrät gleichwohl Geschmack – ein toller Rahmen für gehobenes Business. Auch die Lage ist für Geschäftsleute ideal. 273 Zimmer ab 200 Euro. *Jianguomenwai Dajie 21 | Tel. 64 60 66 88 | Fax 64 60 32 99 | www.stregis.com/beijing | U-Bahn 1 und 2: Jianguomen*

NOVOTEL PEACE HOTEL [136 C2]
Zentrale Lage, eine gute Ausstattung mit Sauna, Schwimmbad und Disko sowie im Vergleich dazu sehr mäßige Preise zeichnen dieses besonders bei Franzosen beliebte Hotel aus. 388 Zimmer. *Jinyu Hutong 3 | Tel. 65 12 88 33 | Fax 65 12 68 63 | www.novotel.com*

NOVOTEL XINQIAO [136 C3]
700-Zimmer-Haus am Rand des ehemaligen Gesandtschaftsviertels nahe dem Hauptbahnhof. Zahlreiche Rabattangebote. *Dongjiaomin Xiang 2 (Eingang an der Chongwenmenxi Dajie) | Tel. 65 13 33 66 | Fax 65 12 51 26 | www.novotel.com | U-Bahn 2: Chongwenmen*

SHANGRI-LA [130 A3]
Elegantes Haus (596 Zimmer) mit großem Garten am westlichen Stadtrand. Gute Restaurants (kantonesisch, französisch, italienisch), Tagungsräume, Pool. *Zizhuyuan Lu 29 | Tel. 68 41 22 11 | Fax 68 41 80 02 | www.shangri-la.com*

Im Rolls-Royce vorfahren – das Peninsula Hotel macht's möglich

TRADERS HOTEL ★ [137 F2–3]
Gut geführtes Haus der Shangri-La-Kette. Gleich hinter dem World Trade Center gelegen, daher für Geschäftsleute eine kostengünstigere Alternative zum Luxushotel China World. 549 Zimmer. *Jianguomenwai Dajie 1 | Tel. 65 05 22 77 | Fax 65 05 08 18 | www.shangrila.com | U-Bahn 1: Guomao*

ZHAOLONG HOTEL [133 F4–5]
Fünfsternekomfort zum Viersternepreis bietet dieser Hotelturm mit 257 Zimmern am Rande von Sanlitun, dem nördlichen Botschaftsviertel. Hotelgäste können den benachbarten Nirvana-Fitnessclub gratis nutzen – Insider Tipp

den renommiertesten der Stadt. *Gongrentiyuchang Beilu 2 | Tel. 65 97 22 99 | Fax 65 97 22 88 | www.zhaolonghotel.com.cn*

HOTELS €

BAMBOO GARDEN HOTEL [132 A3]

Der gepflegte Garten mit seinen rot lackierten Wandelgängen bietet klassisch-chinesisches Ambiente, ebenso die Lage in einer Altstadtgasse. Mit seinen nur 40 Zimmern ist das Haus intim und stilvoll, allerdings fällt der Servicestandard mitunter etwas ab. *Xiaoshiqiao Hutong 24 | Jiu Gulou Dajie | Tel. 58 52 00 88 | Fax 58 52 00 66 | www.bbgh.com.cn*

DONGJIAOMINXIANG HOTEL [136 B3]

Im alten Gesandtschaftsviertel, ruhig und doch zentral gelegen, dazu mit etwas Kolonialatmosphäre drum herum. Auch der Stil des 222-Zimmer-Neubaus wurde entsprechend angepasst. *Dongjiaomin Xiang 23A | Tel. 65 24 33 11 | Fax 65 23 53 78 | www.bjdjmx.com*

EXHIBITION CENTRE HOTEL [130 C3]

Das mit 250 Zimmern überschaubar große Mittelklassehotel liegt ruhig fernab der Straße am alten Ausstellungszentrum. U-Bahn und Zoo sind gut zu Fuß zu erreichen. *Xizhimenwai Dajie 135 | Tel. 68 31 66 33 | Fax 68 34 74 50 | www.beizhanhotel.com*

HAOYUAN HOTEL [136 C2] Insider Tipp

Ein Kleinod: Wohnen in Altpekinger Architektur, durchgehend zu ebener Erde. Die Zimmer im vorderen Hof sind klein, die Suiten im hinteren Hof paradiesisch schön, still und komfortabel (eine mit eigener Sauna). Nettes kleines Restaurant. 19 Zimmer. *Shijia Hutong 53 | Tel. 65 12 55 57 | Fax 65 25 31 79 | www.haoyuanhotel.com*

HOWARD JOHNSON PARAGON HOTEL [137 D3]

280 vorwiegend eher kleine Zimmer, aber gleich gegenüber vom Hauptbahnhof und mit U-Bahn-Anschluss wohnt man hier ebenso verkehrs- wie preisgünstig – mit Sauna und Fit-

> LOW BUDGET

- Es gibt etliche gute Jugendherbergen in zentraler Lage. Infos, z. T. mit Beurteilung durch die Gäste, bringt *www.hostelbeijing.com*. Buchen können Sie über *www.hostelz.com* und *www.sinohotel.com*. Die Preise beginnen bei 50 oder 60 Yuan pro Bett und Nacht. Viele Herbergen haben auch Zweibettzimmer.
- *Downtown Backpackers:* Sehr gut beurteilt, Altstadtlage nahe Shichahai. 100 Betten. *Nanluogu Xiang 85 | Tel. 84 00 24 29* [132 B4]
- *Sleepy Inn:* Ebenso gut beurteilt, sehr freundliches Personal, klasse Lage. Schlafsaalbett ab 60 Yuan, Doppelzimmer 260 Yuan. *Deshengmennei Dajie 103 | Tel./Fax 64 06 99 54 | http://sleepyinn.com.cn* [131 F3]
- *Saga International Youth Hostel:* Das Haus wird nicht nur wegen seiner zentralen, doch ruhigen Altstadtlage (nahe U-Bahn Dengshikou) geschätzt. 130 Betten in 24 Räumen, nettes Restaurant. *Shijia Hutong 9 | Tel. 65 27 27 73 | Fax 65 24 90 98 | sagayangguang@yahoo.com.cn* [136 C2]

nessraum. *Jianguomennei Dajie 18A (hinter dem Henderson Centre) | Tel. 65 26 66 88 | Fax 65 27 40 60 | www.hojo.com*

dischen Gästen und hat 58 Zimmer. Teestube, Internet. *Banchang Hutong 22 | Tel. 64 04 04 36 | Fax 64 03 04 18 | www.the-silk-road.com*

Günstig, freundlich, beste Lage: gute Noten für das Sleepy Inn

LOTUS HOSTEL [131 E4]
Trotz Schlafsaalbetten (6 Euro) keine Jugendherberge. Luxus-Doppelzimmer kosten bis 160 Euro (normale ab 24 Euro). Das Ambiente: Wohnen im Hofhaus! Extras: Café, Fahrradverleih. *Xisibei 7-Tiao 29 | Tel. 66 12 83 41 | Fax 66 12 93 41 | www.lotushostel.cn*

Insider Tipp **LÜSONGYUAN HOTEL** [132 B4]
Auch hier wohnt man in einem Altpekinger Hofhaus mit entsprechendem Ambiente, auch wenn die Höfe nur klein sind. Das Haus ist besonders beliebt bei jungen auslän-

ORIENTAL PEACE HOTEL [136 B–C2]
102 moderne Zimmer, ungewöhnlich preisgünstig für diese zentrale Lage im Rücken des Oriental Plaza. *Dongdan Santiao jia-33 | Tel. 65 26 66 38 | Fax 65 24 50 47*

ZHONG OU HOTEL Insider Tipp
In der Nähe des Lufthansa Centers [133 F3], doch ruhig und billig. Die meisten der 50 Zimmer haben nur eine Dusche, keine Wanne. *Nongzhanguan Beilu 55 (in Nebenstraße am Kanalufer) | Tel. 65 08 08 45 | Fax 65 08 08 53 | zhongouhotel@sina.com*

PEKING FÜR DIE „KLEINEN KAISER"

Die Hauptstadt bietet Lehrreiches und Lustiges

➤ Chinas Hauptstadt ist nicht unbedingt ein Reiseziel, das man von Europa aus mit Kindern ansteuern würde. Aber vor allem für etwas größere Kinder gibt es in Peking gleichwohl Spannendes zu unternehmen. Schließlich sind Chinesen ebenso kinderlieb wie bildungsbeflissen, und so gibt es allerlei interessante, pädagogisch gut aufbereitete Angebote, die das eine mit dem anderen spielerisch verbinden. Aber auch an reinen Spaßangeboten herrscht kein Mangel. Im Übrigen bieten selbst die großen Attraktionen zuweilen Anlass, beim Nachwuchs die Entdeckerlust zu fördern. Lassen Sie Sohn oder Tochter mal herausfinden, was am Himmelsaltar alles neunfach vorhanden oder wie viele Male durch drei teilbar ist! Auch der Zoo, vor allem die Pandabären und das riesige Aquarium, sind natürlich keinesfalls zu vergessen.

PARKS

Es gibt wohl keinen Park in Peking, in dem nicht auch an die Kinder gedacht wurde mit Spielmöglichkeiten von der Schaukel bis zum Autoscooter, und es gibt keinen See, auf dem sich nicht in stählernen Schwänen oder Enten Tretboot fahren ließe. Rudernderweise kann man auch den Besuch im Sommerpalast Yihe Yuan um kindgerechte Elemente erweitern. Die weitaus meisten Attraktionen bietet jedoch der *Chaoyang-Park (Chaoyang Gongyuan | an der Verlängerung der Gongrentiyuchang Beilu* **[133 F4]** *nach Osten | s. Übersichtsplan auf dem hinteren Umschlag).* Dort gibt es außer den obligatorischen Wasserflächen, die hier besonders vielgestaltig sind, auch Karussels für alle Altersstufen, eine Achterbahn, eine Kindereisenbahn und rund 40 Spaßangebote mehr. 2008 wird das mit 208 m Höhe weltgrößte Riesenrad fertig sein, ein Geschenk einer deutschen Großbank an die Stadt. Leicht lässt sich im Chaoyang-Park ein halber Tag verbringen. Mit selten mehr als einem oder zwei Euro Eintritt ist der größte Teil der Attraktionen für Europäer ausgesprochen billig.

> MIT KINDERN UNTERWEGS

SOMMERRODELBAHNEN

Ein Spaß für Groß und Klein sind die Riesenrutschen, durch die man auf flachen Wägelchen talwärts rauscht. Es gibt sie an der Großen Mauer bei *Mutianyu* [139 D3] und im schönen Tal von *Ba Da Chu* [138 B–C5] (siehe „Ausflüge & Touren"). Da sie jeweils mit einer Gondelbahn zum Aufwärtsfahren kombiniert sind, lässt sich das Vergnügen nach dem ersten Versuch auch gleich noch mal wiederholen. Die Rodelbahnen wurden übrigens aus Deutschland importiert. Ein Kombiticket für Seilbahn und Rodelbahn kommt auf 55 Yuan.

SCIENCE AND TECHNOLOGY MUSEUM

Das Wissenschaftsmuseum wendet sich natürlich nicht nur an Kinder, aber die kommen hier dank schöner museumspädagogischer Einfälle bestens auf ihre Kosten (bzw. auf die ihrer Eltern). Die ganze Halle C, das „Children Science Paradise", ist ihnen gewidmet. Überall darf man anfassen und ausprobieren, zudem sind die Exponate und Einrichtungen auch auf Englisch beschriftet. *Di–So 9–16.30 Uhr | Eintritt Schüler 30 Yuan, sonst 50 Yuan, nur Halle C: Kinder 20 Yuan, erwachsene Begleiter 10 Yuan | Beisanhuan Zhonglu, an der Kreuzung mit der Gulouwai Dajie, unmittelbar außerhalb von* [132 A1]

EISLAUFEN

In der Tat: Das geht nicht nur im Winter, wenn die Gewässer zugefroren sind. Eislaufen selbst am heißesten Sommertag lässt sich auf dem *Le Cool Ice Rink,* wo man auch Schlittschuhe leihen kann. *So–Fr 20–22 Uhr, Sa bis 24 Uhr | Eintritt 25–50 Yuan (nach Tageszeit) | Basement 2, China World Trade Center | Jianguomenwai Dajie 1 | U-Bahn 1: Guomao* [137 F3]

HONGQIAO-SPIELZEUGMARKT [136 C5]

Ist Taschengeld auszugeben? Hier wäre ein ganzes Kaufhaus voll mit Spielwaren aller Art. *Hongqiao Wanju Shichang | gegenüber vom Osttor des Himmelsaltar-Parks*

ALTPEKINGER KALEIDOSKOP

Entdeckertouren abseits der großen Attraktionen

Die Spaziergänge sind auf dem hinteren Umschlag und im Cityatlas grün markiert

1 ANTIKES, KURIOSES, ALLTÄGLICHES

Dieser etwa zweistündige Spaziergang führt durch das alte Geschäftszentrum: zunächst zur Antiquitätengasse Liulichang, dann weiter zur Dashalan, wo renommierte Ladengeschäfte, die noch aus der Kaiserzeit stammen, mit kunstvollen Fassaden prunken. Zum Abschluss bietet sich ein Besuch des Stadtplanungsmuseums an.

Bild: Liulichang

Gehen Sie von der U-Bahn-Station Heping Men durch die Nan Xinhua Jie nach Süden. Nach fünf Minuten sind Sie an der **Liulichang** *(S. 78)*, der Gasse der Antiquitätenhändler. Wenden Sie sich zunächst nach rechts, also nach Westen.

Auch wenn Sie entschlossen sind, sich vom Angebot der Läden nicht verführen zu lassen, also keinen Pinsel, keinen Jadereif, kein Schnupftabakfläschchen und auch kein Lack-

STADT SPAZIERGÄNGE

döschen zu kaufen, dürfen Sie doch nicht versäumen, ein paar Läden zu betreten, vor allem die Nr. 19 (größtes Gebäude rechts) und folgende, denn dort, verteilt auf mehrere Adressen, residiert die traditionsreiche und renommierte Kunsthandlung **Rongbao Zhai** *(S. 79)* mit ihrem konservativen Sortiment.

Beachten Sie die riesigen Tuschsteine, die goldverzierten Tuscheblöcke sowie die aus eigener Werkstatt stammenden Farbholzschnitte. Versäumen Sie nicht, wo immer es geht, auch ins Obergeschoss zu steigen, denn dort hängen Originale von Tuschbildern und Kalligrafien bekannter chinesischer Künstler der Gegenwart.

Von den Straßenhändlern können Sie, wenn Sie feilschen, manch hübsches Andenken für wenig Geld erstehen, aber lassen Sie sich nichts Teures als angeblich echt antik aufschwatzen. Kehren Sie dann um, überqueren Sie die Hauptstraße (die bis 2004 nur halb so breit war), und wenden Sie sich der längeren Liulichang-Ost zu.

Gleich am Anfang rechts das erste Haus verdient Ihr Interesse: Es ist **Jigu Ge** *(S. 79)*, der größte Spezialist für Repliken. Im Obergeschoss lädt eine Teestube zur Rast. Man ist auf Ausländer eingestellt – wie leider auch die Preise bezeugen. Wenn Sie die Ost-Liulichang weiter gehen, beachten Sie links in Nr. 65 **Ten Fu** *(S. 83)*, den Teeladen mit Verkostung, statten Sie in Nr. 28 dem wunderschönen **Seladonladen** *(S. 83)* einen Besuch ab und gehen Sie durch den Torweg von Nr. 29: Dort ist rechter Hand der **Saal der Pekinger Schattenspieler**. Wenn Sie Glück haben, können Sie sie in Aktion erleben – leider werden keine regelmäßigen öffentlichen Vorführungen gegeben. Letztes Ziel weiter Richtung Osten ist rechts in Nr. 14 das private Schnitzwerkmuseum **Songtang Zhai** *(Mo geschl.)*. Auf zwei Etagen ist es vollgestopft mit exquisiten Steinmetz- und Holzschnitzarbeiten – ein Ergebnis von über vier Jahrzehnten engagierter Sammlertätigkeit.

Biegen Sie nun nach rechts ab und gleich wieder nach links. Hier ist die Welt der Antiquitätenhändler zu Ende. Die Gasse, die Sie nun entlanggehen, hat noch etwas Altpekinger Flair. Behelfsbauten bezeugen die Unfähigkeit der verflossenen Mao-Ära, für ausreichend Wohnraum zu sorgen. Auch das Leben der Bewohner scheint von der Hektik der modernen Metropole noch kaum berührt zu sein: Eine ganz neue Einrichtung sind allerdings sind die Mahjongg-Salons, von denen es hier mehrere gibt – achten Sie auf das Klacken der Steine!

Am Ende der Gasse rechtsab wird es lebendig mit Lokalen, Läden, Lautsprechermusik. Rechter Hand sehen Sie ein Geschäft, das „Gesundheitspflegeartikel" führt – gemeint ist ein Sexshop. Total angesagt, finden sich ähnliche Läden heute in allen Stadtvierteln. Dieser hier hat Tag und Nacht geöffnet.

Gleich an der nächsten Kreuzung geht's wieder links. Vor Ihnen liegt die *Dashalan*, die quirligste Altpekinger Einkaufsgasse und die erste echte Fußgängerzone der Stadt. Gleich rechts fällt ein Haus mit hoher Fassade auf: Das **Daguan Lou**, wo 1905 der erste chinesische Film gezeigt wurde, ist der Geburtsort des chinesischen Kinos. Das Gebäude hier ist freilich ein Nachbau von 2005. Inschriften auf Englisch und Chinesisch erläutern die Fakten. Wenige Schritte weiter steht links die Fassade eines Kaufhauses aus der Zeit um den Ersten Weltkrieg – der Laden dahinter ist neu. Chinesisch-englische Aufschriften verkünden, was es hier einmal gab, zum Beispiel „New clothes in all latest fashions".

Insider Tipp

Die imposante Fassade gegenüber, ein echtes Prunkstück, gehört zu einem Schuhgeschäft, aber nicht zu irgendeinem: **Neiliansheng** wurde 1835 gegründet und belieferte die im Palast diensttuenden Beamten. Der Firmenname heißt so viel wie „Zur fortgesetzten Palastkarriere", er besagt mit anderen Worten: Mit unseren Schuhen gewinnen Sie kaiserliche Gunst. Eine kleine Ausstellung im

In Pekings ältestem Einkaufsviertel rund um Qianmen Dajie und Dashalan

dritten Stock informiert über die Geschichte der chinesischen Fußbekleidung. Noch heute fertigt Neiliansheng Schuhwerk alten Stils an, darunter auch kunstvoll bestickte Damenpumps.

Fast noch berühmter ist die Firma hinter der nächsten Prunkfassade, etwa 60 m weiter auf derselben Seite: Die altrenommierte Apotheke **Tongrentang**. Drinnen fährt eine Rolltreppe hinauf zu den traditionellen Arzneimitteln wie getrockneten Seepferdchen, Unsterblichkeitspilzen und wild gewachsenen Ginsengwurzeln zum Preis einer kleineren deutschen Eigentumswohnung. Übrigens sollten Sie sich von den Fassaden des Schuhgeschäfts und der Apotheke nicht täuschen lassen: Die Gebäude sind keineswegs so alt wie die Firmen, sondern wurden in den Neunzigerjahren des 20. Jhs. neu errichtet. Die Gegend steht unter Milieuschutz, was auch bedeutet, dass Neues auf alt getrimmt wird.

Insider Tipp

Noch ein berühmter Laden folgt, diesmal auf der linken Seite: An seiner barock geschwungenen, historischen Fassade erkennen Sie **Ruifuxiang**, einst Pekings feinstes Seidengeschäft.

Was nun kommt, war bei Redaktionsschluss noch nicht ganz klar, denn von hier aus ostwärts wurde 2006 ein riesiges Stück Altstadt geräumt und abgerissen. Nun entsteht es im alten Stil neu – als Touristenattraktion. Die Hauptstraße **Qianmen Dajie** wird zur Fußgängerzone, auf der eine Nostalgietram nach einem Vorbild aus den 1920er-Jahren gratis verkehren soll. Sicher finden Sie hier auch eine große Auswahl an traditionellen Restaurants und Imbissen. Der Autoverkehr fließt nun über parallel zur alten Achse geschlagene Schneisen.

Nachdem Sie sich in einem der Lokale gestärkt haben, führt Ihr Weg nun nordwärts auf den Geschützturm des **Vorderen Tors** *(Qianmen, S. 36)* zu.

Seine seltsamen weißen Balkone und Gesimsbänder verdankt es übrigens einer Umgestaltung durch den deutschen Architekten Curt Rothkegel – im Jahr 1915! Vor dem Stadttor überspannt ein Schmucktor die Straße – eine Neukonstruktion, nachdem das Original schon vor Jahrzehnten der sozialistischen Umgestaltung zum Opfer gefallen war.

In altem Glanz präsentieren sich rechts am Torplatz nach gelungener Restaurierung Turm und Fassade des hundert Jahre alten **Ostbahnhofs**.

Den Tian'anmen-Platz geradeaus sollten Sie separat besichtigen. Als Abschluss des Spaziergangs empfiehlt sich vielmehr das **Stadtplanungsmuseum** *(Beijing Planning Exhibition Hall, S. 24)*, das Ihnen das zuvor Gesehene und Erlebte in eine größere historische Dimension rückt.

2 DIE NÖRDLICHEN SEEN

Der etwa dreistündige Weg führt durch Pekings schönste alte Wohngegend. Großteils am Wasser entlang gelangen Sie zu Glocken- und Trommelturm sowie zur Residenz von Song Qingling.

Lassen Sie sich per Taxi zum Nordtor des **Beihai-Parks** *(S. 40)* fahren, oder schließen Sie den Spaziergang an einen Bummel durch den Beihai-Park an. Östlich schräg gegenüber vom Beihai-Nordtor liegt der südliche der drei nördlichen Seen. In der kleinen Grünanlage rechts treffen sich bei gutem Wetter gern alte Leute zum Schachspielen.

Wenden Sie sich nun dem Westufer mit der „Lotus Lane" zu – einer 2003 neu erbauten Restaurantzeile mit geräumigen Terrassen am See-

Der Glockenturm aus dem 15. Jh. ist so alt wie der Kaiserpalast

ufer. Die Bauten haben traditionelle Dächer und Wände, ihre riesigen Glasfassaden, für die Gäste schön zum Rausgucken, sind allerdings ein Stilbruch. Hier beginnt das **Houhai-Viertel** *(S. 86)* mit Bars, Clubs und Kneipen – ein Grund, am Abend noch einmal herzukommen.

Schräg voraus sehen Sie jenseits des anderen Ufers zwei große alte Gebäude aufragen: den Trommelturm rechts, dahinter den Glockenturm. Biegen Sie nach rechts ein, und folgen Sie dem Ufer bis zur Brücke, die Sie überqueren. Ringsherum laden zahllose, zumeist preisgünstige Lokale zu Rast und Stärkung, darunter gleich rechts die Restaurants **Kaorou Ji** *(S. 72)* und **Nuage** *(S. 75)* sowie die schöne **No Name Bar** *(S. 87)*, ferner **Lotus Root** *(S. 75)*.

Gehen Sie in die Gasse in Fortsetzung der Brücke hinein und das nächste Gässchen nach rechts. Beachten Sie links (Hausnr. 37) das Eingangstor eines alten, nicht mehr existierenden Tempels und rechts (Nr. 24) eine Fassade mit schöner Steinmetzornamentik. Noch wenige Schritte, und Sie erreichen Pekings große Nord-Süd-Achse. Nach links fällt der Blick auf die mächtige Südfront des **Trommelturms** *(S. 42)*. Dessen Eingang ist auf der Rückseite. Von oben haben Sie einen schönen Rundblick. Wegen der imposanten Glocke sollten Sie auch den **Glockenturm** *(S. 42)* besteigen.

Kehren Sie auf dem gleichen Weg zurück zum See. Folgen Sie dann dem Ostufer nach Norden. Sie passieren eine neue Luxuswohnanlage, die im traditionellen Hofhausstil errichtet ist – mit Garagentoren an der Straße. Auffälliger ist ein im klassischen Stil erbauter Komplex mit einem pagodenartigen Turm direkt am Seeufer: Bauherr war der Sohn des früheren Bürgermeisters Chen Xitong, der über Bestechungsaffären stürzte – und vor allem über das Verhalten seines Sohnes, der die Stellung des Vaters schamlos ausnutzte. Die Gebäude, die als Vergnügungspalast gedacht waren, aber nicht mehr ganz fertig wurden, stehen seit Jahren leer, Monumente sozialistischen Filzes.

Gleich darauf passieren Sie das prächtige Tor einer früheren Prinzenresidenz. Weiter am Ufer entlang folgt die frühere **Residenz von Song Qingling** *(S. 42)*. Deren klassischer Garten bietet den richtigen Ort für eine kleine Verschnaufpause. Folgen Sie weiter dem Seeufer, dann dem Kanal, der zum See Jishuitan führt. Gehen Sie dort am Westufer entlang. Etwa auf halbem Weg können Sie dort in ein Teehaus einkehren, dessen hölzerne Terrasse sich bis übers Wasser erstreckt. Rechts ragt überm anderen Seeufer der **Geschützturm des Stadttors Deshengmen** auf.

Der Hügel am Nordende des Sees wurde mit dem Aushub vom U-Bahn-Bau angelegt. Die wie ein kleiner Tempel wirkenden Bauten auf dem Gipfel bergen eine Ausstellung zum Gedenken an Guo Shoujing, einen Ingenieur und vielseitig interessierten Wissenschaftler, der unter Kublai Khan im 13. Jh. die Wasserversorgung der neuen Reichshauptstadt sicherte.

Von hier sind es nur noch wenige Schritte zur U-Bahn (Station Jishuitan, Eingang links herum an der nächsten Kreuzung).

EIN TAG IN PEKING

Action pur und einmalige Erlebnisse.
Gehen Sie auf Tour mit unserem Szene-Scout

DAMPFENDE TASCHEN

7:00

Der Tag beginnt deftig mit einem typisch chinesischen Frühstück. Würzig, schmackhaft und die perfekte Stärkung für den Sightseeing-Tag. Zuerst gibt's eine Nudelsuppe, danach noch Maultaschen – und das alles im hektischen Treiben der Einkaufsmeile *Wangfujing*. Mittendrin eben, statt nur dabei! **WO?** *Huntun Hou, Dong'anmen Dajie 11 | Tel. 65 25 18 92*

9:00

MORGENGYMNASTIK

Auf zum *Park der Kaiserstadtmauer*. Nicht wundern, wenn bunte Drachen über die Köpfe hinwegsausen. Die Pekinger lassen hier ihre Drachen steigen oder üben sich in *Taiji*, dem Schattenboxen. Zugucken und dann mitmachen. **WO?** *Park der Kaiserstadtmauer*

SO SCHMECKT PEKING

10:00

Ran an den Herd ist das Motto des Kochkurses! Doch bevor es so weit ist, geht man mit dem Küchenchef auf den Markt und erfährt, welche Lebensmittel wie zubereitet werden. Zurück in der Küche wird zuerst ganz traditionell Tee getrunken, um anschließend unter Anleitung zu schnippeln und zu brutzeln. Drei Stunden später darf man dann das Selbstgekochte verspeisen. **WO?** *Xiaochang Hutong 1, Di'anmenwai Dajie, Dongcheng District | Kosten: ca. 20 Euro | www.chef-at-work.com*

13:30

PEKING BY BIKE

Rauf aufs Rad und in die Pedale treten! Mit einem Guide geht es durch die uralten *Hutong* – enge kleine Gässchen, umgeben von traditionellen Wohnhäusern. Hier erlebt man das Stadtleben, wie es schon vor vielen Hundert Jahren war. Spannend! **WO?** *Bicyclekingdom, Room B428 North Garden Office, Oriental Plaza, Wangfujing 218 | Tel. 0133 81 40 07 38 | Kosten: 40 Euro | www.bicyclekingdom.com*

24 h

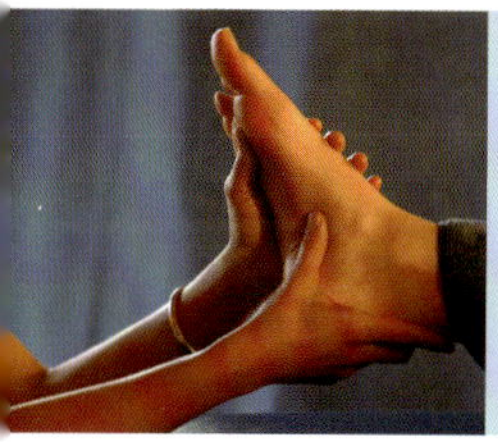

RELAXING

16:30

Müde? Keine Zeit zum Schlappmachen! Eine Fußmassage im *Liangzi Foot Massage Jianguomen Main Store* bringt einen schnell wieder auf die Beine. Diese werden mal leicht, mal stärker geknetet – super entspannend! **WO?** *Jianguomenwai Dajie 24, Chaoyang District | Kosten: ab 10 Euro*

19:30

BOOTSTOUR

Der Abend startet romantisch. Das Boot samt Lautenspielerin wartet schon. Platz nehmen, den Arm um die Liebste oder den Liebsten legen und auf ein unvergessliches Erlebnis gespannt sein. Auf dem Qianhai schippert man – von Musikern begleitet – zwischen roten Lampions durch die Stadt. **WO?** *River Romance Boat Rental Club, Lotus Lane am Westufer des Qianhai*

DINNER VOM FEINSTEN

21:00

Neugierde lohnt sich. Hinter einem traditionellen Eingangstor verbirgt sich ein kulinarisches Highlight: *The Source*, ein stilvolles Restaurant inmitten der denkmalgeschützten Altstadt. Im Innenhof warten bei einer fünfgängigen kulinarischen Entdeckungsreise durch die reichhaltige Küche der Provinz Sichuan Gaumenfreuden vom Feinsten! Scharf und exotisch! **WO?** *Banchang Hutong 14 | Tel. 64 00 37 36*

23:00

GUTE-LAUNE-MUSIK

Ohren auf und der chinesischen Livemusik lauschen. In der Bar *Yugong Yishan* ist sie handgemacht, originell und macht Laune auf mehr. **WO?** *Zhangzizhong Lu 3–2 | www.yugongyishan.com*

> AUF, IN DIE BERGE!

Pekings Ausflugsziele liegen in den Bergen und zu deren Füßen: Große Mauer, Ming-Gräber – und einiges mehr

> Zum heutigen Peking zählt so viel Umland, dass die Stadtgrenze in manchen Richtungen über 100 km entfernt liegt. 62 Prozent dieser Fläche – praktisch der ganze Norden und Westen – sind bis über 2000 m hohes Bergland. Hier liegen Pekings schönste Tempel, hier verläuft die Große Mauer.

Zu vielen der genannten Ziele können Sie organisierte Touren am Reisebüroschalter Ihres Hotels buchen. Ab zwei Personen wird es billiger per Taxi. Manche Attraktionen sind auch mit öffentlichen Verkehrsmitteln erreichbar.

1 BA DA CHU UND FAHAI SI

TAXI

[138 B–C5] In den bewaldeten Westbergen, ca. 20 km westlich der Stadt, liegen zwei schöne Ziele in kurzer Taxientfernung voneinander. Auf diesen Ausflügen erleben Sie Natur und religiöse Kunst. Anfahrt per Bus 347 ab Xizhi-

Bild: Große Mauer bei Badaling

AUSFLÜGE & TOUREN

men bis Ba Da Chu (Endstation), weiter per Taxi (ca. 5 km), zurück noch mal 3 km mit dem Taxi, dann U-Bahn 1 ab Pingguoyuan.

Die **„Acht großen Stätten"** *(Ba Da Chu)* sind acht Tempel in einem bewaldeten Tal der Westberge mit Fernblick auf Peking. Mit einem Sessellift (im Winter außer Betrieb) kann man hochfahren und bergab laufen – oder die Riesenrutsche nehmen. Sehr schön sind die yuanzeitlichen Luohan-Figuren im vierten Tempel *(Dabei Si)*. Besonders stimmungsvoll ist die abseits liegende achte Stätte.

Insider Tipp *Fahai Si:* Am bewaldeten Ende eines stillen Tals liegt der anno 1440 erbaute buddhistische Tempel. Seine Haupthalle birgt einen kunsthistorischen Schatz: Die Wände sind mit herrlichen Malereien bedeckt, die die Verehrung Buddhas zeigen. Unvergleichlich graziös: die Guanyin auf der Altarrückwand. Nehmen Sie am besten eine Taschenlampe mit. *Di–So 9–16 Uhr*

2 GROSSE MAUER

★ Da Peking einst an Chinas Nordgrenze lag, ist das berühmteste Bauwerk des Landes im Rahmen eines Halbtagsausflugs zu erreichen. Fahren Sie – wie die allermeisten Pekingtouristen – zum Abschnitt Badaling, gehört ein Abstecher zu den Ming-Gräbern dazu. Je ursprünglicher und weniger besucht das Mauerstück sein soll, das Sie erklimmen und sich ansehen wollen, desto schwieriger und langwieriger wird auch die Anreise – aber der Aufwand lohnt sich meist auch. Nicht vergessen: feste Schuhe, an kühlen Tagen winddichte, warme Kleidung.

Gestampfte Lehmmauern und Wälle zur Grenzsicherung gab es in China zwar schon vor 2500 Jahren, die heutige Mauer wurde aber größtenteils erst im 16. Jh. errichtet. Nachdem die Ming-Kaiser sich die Mongolen zum Feind gemacht hatten, indem sie ihnen Handels- und Tributbeziehungen verweigerten, glaubten sie, den Konflikt mit einer Befestigung der gesamten Nordgrenze lösen zu können. Die Mauer ist mit über 7 m Höhe und bis zu 6 m breiter Krone deutlich größer als ihre Vorgängerinnen und zudem solider gebaut: Die aus Backstein oder Naturstein gemauerten Wände sind 1,5 m dick, das Innere wurde mit Schotter verfüllt. An exponierten Punkten stehen Wachtürme.

Bis heute rankt sich um das spektakuläre Bauwerk manche Legende. Den Anstrich der Wissenschaftlichkeit hat die gern kolportierte Behauptung, die Mauer sei als einziges menschliches Bauwerk mit bloßem Auge vom Mond aus zu erkennen. Das entspräche freilich der Kunst, eine Linie von 1 mm Breite aus 40 km Entfernung auszumachen.

Mehrere Abschnitte in der Nähe von Peking wurden restauriert und mit Seilbahnen versehen. Beim 660 m hoch gelegenen **Pass Badaling [138 B3]** – mit Mauermuseum und Panoramakino – drängen sich die Massen *(60 km nordwestlich der Stadt | Eintritt 45 Yuan inkl. Museum | Bus 919 ab Deshengmen, Ausflugsbusse: 1 ab Qianmen, 2 ab Hauptbahnhof, 4 ab Zoo)*. 10 km vor Badaling kommt man durch die restaurierte **Festung Juyong Guan** *(Eintritt 40 Yuan)*. Weniger Trubel als in Badaling herrscht am landschaftlich besonders schönen Abschnitt bei **Mutianyu [139 D3]** 70 km nordöstlich der Stadt *(Eintritt 35 Yuan | Bus 916 ab Dongzhimen bis Huairou, dann Taxi)*.

Wer es noch ruhiger und urtümlicher möchte, fährt 120 km nach Nordosten zu dem besonders steilen, nur teilweise restaurierten Mauerstück beim Dorf *Simatai* **[139 F2]**. Insider Tipp Dort bieten Bauernfamilien auch Schlafplätze an. *Eintritt 30 Yuan | Überlandbus ab Dongzhimen oder Eisenbahn bis Miyun, dann Taxi, oder Taxi ab Peking*

3 MARCO-POLO-BRÜCKE

[138 C5] Die Brücke Lugou Qiao ist per Taxi beispielsweise ab U Bahnhof

Junshi Bowuguan nur 13 km entfernt – ein Zwei-Stunden-Ausflug.

„Keine Brücke der Welt kann sich mit dieser vergleichen. Sie misst ganze 300 Schritt in der Länge und acht Schritt in der Breite", schrieb Marco Polo, wie üblich ganz hingerissen von Chinas Wundern. Der elfbogige Marmorbau mit seinem Löwenschmuck stammt vom Ende des 12. Jhs. Marco Polos Maßangaben harmonieren mit den heutigen: 266,5 m Länge, 7,5 m Breite. Auch die Geländer beschrieb er treffend. dieser „Zwischenfall an der Marco-Polo-Brücke" den Auftakt zum Zweiten Weltkrieg.

4 MING-GRÄBER

[138 C3] ★ Von den 13 nördlich von Peking gelegenen Mausoleen der Ming-Kaiser sind derzeit drei für Besucher geöffnet. Eine der Grabanlagen sowie den „Seelenweg" zu sehen zählt zum Standardabstecher bei der Fahrt zur Großen Mauer bei Badaling.

Eine kleine Pause auf der historischen Marco-Polo-Brücke

Zugabe am Nordende: die befestigte alte Kreisstadt **Wanping**. Berühmt ist die Brücke noch aus einem zweiten Grund: Am 7. Juli 1937 nahmen die Japaner hier eine inszenierte Schießerei zum Vorwand für die Besetzung Chinas. In Ostasien bildete

Die Grabtempel wurden am Fuß einer Bergkette 44 km nördlich der Stadt in den Jahren 1409–1644 angelegt. Auch Haupt- und Nebenfrauen wurden hier beigesetzt. Der Grundriss der Anlagen ähnelt der Form eines Schlüssellochs: Zum nördlich verlaufenden Höhenzug hin erhebt sich jeweils der mit einer Mauer eingefasste, baumbestandene Grabhügel, davor liegt das längliche Tempelareal. Wo dessen Mittelachse auf den Hügel trifft, ragt ein gewaltiger Stelenpavillon mit der Grabinschrift des jeweiligen Kaisers auf.

Dingling, die viel besuchte Ruhestätte des Wanli-Kaisers (1563 bis 1620), ist die einzige, deren Marmorgrüfte geöffnet wurden. Sie sind sehr geräumig, doch ansonsten eher enttäuschend. Interessanter ist die Ausstellung der kostbaren Grabbeigaben in den Seitenhallen des hinteren Hofs. *Eintritt April–Okt. 60 Yuan, sonst 40 Yuan*

Das **Changling** ist das größte, älteste und am besten erhaltene Mausoleum. Der hier bestattete Kaiser Zhu Di (1360–1424) wird nach dem Namen seiner Ära (1403–24) gewöhnlich „Yongle-Kaiser" genannt. Er veranlasste den Ausbau Pekings zur Hauptstadt und war nächst seinem Vater, dem Dynastiegründer, die bedeutendste Herrschergestalt der Ming-Zeit. Einzig in seinem Grabtempel blieb die Opferhalle erhalten, ein eindrucksvoller Bau mit 32 Säulen aus kostbarem Nanmu-Holz. Sie birgt eine Ausstellung von Grabbeigaben aus dem Grab Dingling. *Eintritt April–Okt. 45 Yuan, sonst 30 Yuan*

Der berühmteste Teil der Nekropole ist wohl der Zugang, der „Seelenweg". Dort erweisen 36 große Steinfiguren – Löwen, Elefanten, Fabeltiere, zivile und militärische Beamte – den verstorbenen Majestäten ihre Reverenz. *Eintritt April–Okt. 30 Yuan, sonst 20 Yuan*

5 TEMPELKLÖSTER JIETAI SI UND TANZHE SI

[138 B5] Rund 40 km südwestlich der Stadt liegen nur wenige Kilometer voneinander entfernt zwei eindrucksvolle buddhistische Tempelklöster. Sie sind am besten per Taxi zu erreichen – fast ein Tagesausflug, wenn man sich Zeit lässt.

Insider Tipp

Jietai Si: Das große Kloster liegt an einem Berghang mit Fernsicht. Namengebend ist die imposante dreistufige Ordinationsterrasse *(jietai)* in einer Halle rechts der Hauptachse. Mit ihrem Figurenschmuck stellt sie den Weltenberg Sumeru dar. Ehrwürdig sind bis zu 800 Jahre alte Grabpagoden und bis zu 1000 Jahre alte, skurrile Bäume. *Tgl. 8–18 Uhr | Eintritt 30 Yuan*

Tanzhe Si: Das inmitten bewaldeter Berge idyllisch gelegene Tempelkloster wurde um das Jahr 300 gegründet. Die meisten heutigen Bauten stammen aus dem 15.–18. Jh. Mächtige alte Bäume, darunter ein tausendjähriger Ginkgo, spenden Schatten. *Tgl. 8.30–18 Uhr | Eintritt 30 Yuan*

6 XIANGSHAN

[138 B4] ★ Die „Duftberge", 20 km nordwestlich der Stadtmitte, sind ein beliebtes Ausflugsziel, vor allem im Herbst, wenn sich das Laub leuchtend rot färbt. Hauptsehenswürdigkeiten sind zwei Buddhatempel und der Panoramablick vom 570 m hohen Gipfel. Tgl. 6–19 Uhr, im Winter 6.30–18 Uhr, Bus 360 und private Minibusse ab Busbahnhof Xizhimen

Schön ist der kaiserliche Xiangshan-Park mit einer Porzellanpa-

Am Kloster Biyun Si: die Spitzen der Diamantthronpagode

gode. Auf den ✲ Gipfel schwebt man bequem im Sessellift *(Mitte März bis Okt. | 30 Yuan pro Strecke).* In der Ferne erkennt man die Pagode des Jadequells und den Sommerpalast.

Neben dem Haupteingang zum Park liegt das „Kloster der azurblauen Wolken" **(Biyun Si)**. Es ist zwar nicht mehr aktiv, doch ehrwürdig und schön gelegen. Hier wurde 1925–29 der Leichnam des Republikgründers Sun Yatsen verwahrt (Gedenkhalle). Besonders schön ist die ✲ „Diamantthronpagode" am Ende der Anlage, ein mächtiger, reich mit Reliefs verzierter Bau in indischem Stil (18. Jh.). Die zweite Attraktion ist die Halle der 500 Luohan („Arhats Hall"). Fast lebensgroße, vergoldete Skulpturen dieser heiligen Mönche sitzen hier in langen Reihen. Individuell gestaltet, halten sie mit dem Besucher stille Zwiesprache. *Tgl. 8.30–16.30 Uhr, Einlass bis 16 Uhr*

Eine Bushaltestelle vor dem Xiangshan kommt man zum Botanischen Garten mit dem „Tempelkloster des schlafenden Buddha" **(Wofo Si) [138 C4]**. Es beeindruckt mit seiner gepflegten Anlage und seinem Bildschmuck. Den Anfang macht die Halle der Himmelskönige mit den üblichen Wächterfiguren und dem Dickbauchbuddha in der Mitte. In der zweiten Halle verkörpern die Buddhas der Drei Zeitalter die Ewigkeit der Lehre und die Erlösungshoffnung. An den Seitenwänden reihen sich die achtzehn heiligen Mönche (Luohan). Den Höhepunkt bildet die dritte Halle mit der 5,2 m langen Bronzefigur des schlafenden Buddha (beim Eintritt in das Nirwana) im Kreise seiner zwölf Jünger. Alle Figuren entstanden zur Mongolenzeit im 13. oder 14. Jh. *Tgl. 8–16.30 Uhr*

Der Weg zum Kloster führt vorbei an Chinas größtem **Gewächshaus**. Der supermoderne Bau ist eine Sehenswürdigkeit für sich.

> VON ANREISE BIS ZOLL

Urlaub von Anfang bis Ende: die wichtigsten Adressen und Informationen für Ihre Pekingreise

ANREISE

FLUGZEUG

Alle Flüge aus dem In- und Ausland enden am Capital Airport (Shoudu Jichang) ca. 25 km nordöstlich vom Stadtzentrum [139 D4]. Ab Mitte 2008 fährt eine Schnellbahn zur Dongzhimen-Station. Taxis warten links vor der Ankunftshalle. Ignorieren Sie Schlepper, die Sie in der Halle ansprechen! Die Fahrt zur Stadt sollte je nach Ziel 70 bis 110 Yuan kosten, zu Hotels westlich der Innenstadt auch mehr. Manche Vier- und Fünfsternehotels holen ihre Gäste per Kleinbus ab. Fahrzeit je nach Tageszeit und Ziel: 20 bis 60 Minuten. Unter der Bezeichnung „Air Bus“ verkehren fünf Linien in die Innenstadt, doch ist die Benutzung ohne Chinesischkenntnisse problematisch.

Direktflüge nach Peking gibt es von allen großen europäischen Flughäfen (z.B. ab Frankfurt/Main im Sommer schon für unter 1000 Euro, Flugdauer rund 10 Std.).

BAHN

Die meisten Fernzüge enden im Hauptbahnhof *(U-Bahn 2: Beijing Zhan)* [137 D3]. Viele große Hotels sind nur 5 bis 10 Minuten Taxifahrt entfernt. Am riesigen neuen Westbahnhof [134 A4] enden die Züge aus Richtung Süden und Westen (kein U-Bahn-Anschluss).

PRAKTISCHE HINWEISE

AUSKUNFT VOR DER REISE

FREMDENVERKEHRSÄMTER DER VOLKSREPUBLIK CHINA

– *Ilkenhansstr. 6 | 60433 Frankfurt a. M. | Tel. 069/52 01 35 | Fax 52 84 90 | www.fac.de*

– *Genferstr. 21 | 8002 Zürich | Tel. 044/201 88 77 | Fax 201 88 78 | zurich@cnta.gov.cn*

AUSKUNFT IN PEKING

BEIJING TOURIST INFORMATION CENTRE

www.bjta.gov.cn | Tourist Hotline (24 Std.) *Tel. 65 13 08 28.* Für den Kontakt am Ort sind 21 Stadtteilbüros zuständig *(http://english.bjta.gov.cn/btic)*. Die wichtigsten:

– *Dengshikou Xijie 10* [136 B2]

– *Gongrentiyuchang Beilu (neben Kentucky Fried Chicken)* [133 E–F4]

– *Laoxianju Hutong 16 (gegenüber vom Hauptbahnhof neben dem Henderson Shopping Center)* [137 D3]

Ein weiteres Büro befindet sich im Flughafen gegenüber vom Ausgang für internationale Passagiere.

BANKEN & GELDWECHSEL

Geld tauscht man am bequemsten im Hotel. Der amtliche Kurs ist überall gleich, doch können die Gebühren höher sein als bei einer Bank. Fürs Einlösen von Reiseschecks sollten nicht mehr als 0,75 Prozent verlangt werden. Geldautomaten mit Maestro-Symbol sind verbreitet und bequem benutzbar zu mäßigen Gebühren. Beim Rücktausch von Yuan-Beträgen müssen Sie eventuell entsprechende Umtauschbelege vorweisen.

WAS KOSTET WIE VIEL?

KAFFEE	**3 EURO** für eine Tasse im Hotel
TEEBLÄTTER	**20 EURO** für 100 g Teeblätter (Spitzenqualitäten)
U-BAHN	**0,30 EURO** für eine Fahrt
TAXI	**1 EURO** Grundpreis für die ersten vier Kilometer
PEKINGENTE	**10 EURO** in einem guten Lokal
THEATER	**AB 15 EURO** für eine Karte in den besseren Häusern

DIPLOMATISCHE VERTRETUNGEN

DEUTSCHLAND [133 E–F4]

Dongzhimenwai Dajie 17 | Tel. 85 32 90 00 | www.peking.diplo.de

ÖSTERREICH [137 E2–3]

Xiushui Nanjie 5 | Tel. 65 32 20 61 | www.aussenministerium.at/peking

SCHWEIZ [133 F3]

Sanlitun Dongwujie 3 | Tel. 65 32 27 36 | www.eda.admin.ch/beijing

EIN- & AUSREISE

Für China gilt Visumpflicht. Wer seine Reise nicht über ein Reisebüro bucht, muss das Visum (für max. drei Monate) bei der für den Wohnort zuständigen diplomatischen Vertretung persönlich beantragen (nicht per Post!) – samt Passfoto, mindestens noch sechs Monate gültigem Reisepass und 20 Euro (Österreich: 30 Euro, Schweiz: 50 Franken; für Ausländer können erhöhte Gebühren gelten) sowie einem frankierten Briefumschlag, falls Sie den Pass mit Stempel nicht selbst abholen. Geschäftsreisende benötigen ferner eine schriftliche Einladung einer dazu ermächtigten chinesischen Firma oder Behörde. Die Bearbeitungszeit beträgt vier Arbeitstage. Kürzere Fristen erfordern einen Zuschlag. Anträge werden ab 50 Tage vor der geplanten Reise angenommen. Ausländer müssen ihre deutsche (österreichische, Schweizer) Aufenthaltsgenehmigung vorlegen (gilt auch für EU-Bürger!). Infos und ein Antragsformular finden Sie über *www.chinabotschaft.de* bzw. *www.chinaembassy.at* bzw. *www.china-embassy.ch*. Visumerteilende Stellen sind:

DEUTSCHLAND

– *Botschaft der VR China | Konsularabt.: Brückenstr. 10 | 10179 Berlin | Tel. 030/27 58 85 72*

– *Generalkonsulat der VR China | Konsularabt.: Mainzer Landstr. 175 | 60326 Frankfurt a. M. | Tel. 069/75 08 55 34* (zuständig für Hessen, Baden-Württemberg, Nordrhein-Westfalen, Rheinland-Pfalz und das Saarland)

– *Generalkonsulat der VR China | Konsularabt.: Elbchaussee 268 | 22605 Hamburg | Tel. 040/82 27 60 18* (zuständig für die Länder Bremen, Hamburg, Schleswig-Holstein und Niedersachsen)

– *Generalkonsulat der VR China | Konsularabt.: Romanstr. 107 | 80639 München | Tel. 089/17 30 16 18* (zuständig für das Land Bayern)

ÖSTERREICH

Botschaft der VR China | Konsularabt.: Strohgasse 22 | 1030 Wien | Tel. 01/710 36 48

SCHWEIZ

– *Botschaft der VR China | Konsularabt.: Kalcheggweg 10 | 3006 Bern | Tel. 031/351 45 93*

– *Generalkonsulat der VR China | Konsularabt.: Bellariastr. 20 | 8002 Zürich | Tel. 044/205 84 11* (zuständig für zwölf Nordschweizer Kantone und für Liechtenstein)

WÄHRUNGSRECHNER

€	Yuan	Yuan	€
10	107,11	100	9,36
20	214,21	200	18,73
30	321,32	300	28,09
40	428,42	400	37,45
50	535,53	500	46,82
60	642,63	600	56,18
70	749,74	700	64,54
80	856,85	800	74,90
90	963,95	900	84,27

FOTOGRAFIEREN

Fotografierverbot besteht in den Innenräumen der meisten Sehenswürdigkeiten. Wenn Sie Menschen fotografieren, bitten Sie um Erlaubnis (nicht nötig, wo auch Chinesen einander fotografieren).

PRAKTISCHE HINWEISE

GESUNDHEIT

INTERNATIONAL MEDICAL CENTER [133 F3]

Tgl. 0–24 Uhr | S-106 | Office Building | Lufthansa Center | Liangmaqiao Lu 50 | Tel. 64 65 15 61, -62, -63. Auch Zahnarzt, Krankenwagen, Apotheke; englischsprachig.

REGIONALARZT [133 E–F4]

Deutsche Botschaft | Dongzhimenwai Dajie 17 | Tel. 65 32 35 15. Dazu gehört eine deutsche Apotheke.

Impfungen sind nicht vorgeschrieben. Leitungswasser sollten Sie nur abgekocht trinken. Nehmen Sie nötige Medikamente von zu Hause mit. Nützlich ist eine Reisekrankenversicherung. Aktuelle Infos: *www.crm.de*

INTERNET

Unter *www.ebeijing.gov.cn* präsentiert sich Peking offiziell auf Englisch. Ein schöner virtueller Stadtführer ist *www.thebeijingguide.com*. Aktuelle Adressen, Restauranttipps und Meldungen bringt *www.cityweekend.com.cn*. Eine umfangreiche Linksammlung ist *www.beijingpage.com*.

INTERNETCAFÉS

Am bequemsten ist, Sie begeben sich ins Businesscenter Ihres Hotels. Dort liegen die Preise jedoch meist recht hoch (Ausnahme: Jugendherbergen). Eine Alternative bietet das *Qianyi Internet Cafe im alten Ostbahnhof am Stadttor Qianmen, Obergeschoss* [136 A–B3]

KLEIDUNG & WÄSCHE

Kleiden Sie sich praktisch. In China ist man in Kleidungsfragen sehr locker. Alle Hotels haben einen gut funktionierenden Wäscheservice. Was Sie morgens abgeben, erhalten Sie am Spätnachmittag frisch gewaschen und gebügelt zurück.

MEDIEN

In den internationalen Hotels wird der US-Nachrichtensender CNN ins hauseigene Kabelnetz eingespeist. Vorwiegend auf Englisch sendet Radio 774 (kHz). Mo–Fr 20 und 22 Uhr gibt es jeweils halbstündige Nachrichten. Die englischsprachige Zeitung „China Daily“ ist in Hotels meist kostenlos zu haben. Ausländische Presse findet man am ehesten in den teuren Hotels.

ÖFFENTLICHE VERKEHRSMITTEL

Busse und O-Busse: Sehr billig (Fahrpreis nach Strecke ab 1 Yuan, keine Umsteigekarten), jedoch langsam. Lassen Sie sich das Ziel auf Chinesisch aufschreiben.

U-Bahn: Sehr empfehlenswert, doch ist das Netz noch lückenhaft. Englische Lautsprecherdurchsagen machen die Benutzung problemlos. Eingänge sind an einem blauen D (für *ditie,* U-Bahn) in einem Kreis erkennbar. Vor Betreten des Bahnsteigs ist eine Fahrkarte zu lösen (Linie 1 und 2 inklusive Umsteigen: 3 Yuan, Umsteigen zu Linie 13: 5 Yuan). Netzpläne mit Beschriftung in lateinischen Buchstaben hängen in allen Waggons, aber nur selten in den Stationen.

In diesem Band finden Sie den U-Bahn-Plan im hinteren Umschlag. Wenn in der Nähe einer Adresse eine U-Bahn-Station liegt, wird diese im

Band genannt. Wenn nicht, empfiehlt es sich, ein Taxi zu nehmen.

ÖFFNUNGSZEITEN

Die Geschäfte öffnen täglich meist zwischen 8 und 10 Uhr und schließen zum Teil erst nach 20, meist zwischen 18 und 19 Uhr.

POST

Briefmarken gibt's in jedem Hotel. Luftpost nach Mitteleuropa braucht fünf bis sieben Tage. Den Versand großer Einkäufe (Möbel, Teppiche) kann man manchmal vom jeweiligen Geschäft abwickeln lassen.

PREISE & WÄHRUNG

In China bezahlen Sie mit „Volkswährung" (Renminbi). Die Grundeinheit heißt Yuan, ein Zehntel davon ist ein Jiao (im Volksmund stets: Mao). Hundertstel (Fen) kommen praktisch nicht mehr vor. Die Preisunterschiede in Peking sind weit größer als von zu Hause gewohnt: Für den Preis eines Biers vom Fass an der Hotelbar können Sie sich in einer Garküche drei Tage lang satt essen. Wie billig Peking wird, hängt daher davon ab, wie weit Sie sich ins chinesische Leben hineinbegeben.

RADFAHREN

Das Fahrrad ist ideal für den Altstadtbereich, zumal Peking völlig eben und starker Wind selten ist. Achtung: Autos haben immer Vorfahrt! Wo es bewachte Fahrradabstellplätze gibt, müssen Sie die benutzen (gebührenpflichtig).

Fahrradverleih gibt es in vielen Hotels. Ansonsten gehen Sie zum Verleiher in der Wangfujing nördlich der Dong'anmen Dajie | *Tel. 63 13 10 10* [136 B2]. Prüfen Sie unbedingt die Bremsen, ehe Sie starten!

REISEZEIT

Juli und August sind schwül-heiß, und es regnet viel. Klimatisch ideal sind Mai und Juni sowie September und Oktober. Im Winter kann es empfindlich kalt werden. Es gibt frei-

WETTER IN PEKING

	Jan.	Feb.	März	April	Mai	Juni	Juli	Aug.	Sept.	Okt.	Nov.	Dez.
Tagestemperaturen in °C	1	4	11	21	27	31	31	30	26	20	10	3
Nachttemperaturen in °C	-10	-8	-2	7	13	18	21	20	14	6	-2	-8
Sonnenschein Std./Tag	7	7	8	8	9	9	7	7	8	8	6	6
Niederschlag Tage/Monat	2	2	2	3	5	6	12	9	5	2	2	1

lich zwei gute Gründe, Peking im Winter zu besuchen: die Rabatte bei den Übernachtungspreisen und das gelindere Gedränge bei den Sehenswürdigkeiten. Ein Kompromiss ist der trockene, nicht zu kalte November.

STROM

220 Volt. In den Hotelbadezimmern befinden sich in der Regel Steckdosen, in die auch deutsche Zweipolstecker passen.

TAXI

Billiger als daheim die Straßenbahn: Der Grundtarif von 10 Yuan (1 Euro) reicht 4 km weit, dann kommen pro Kilometer 2 Yuan dazu. Alle Wagen sind mit Taxameter ausgerüstet. Es gibt überall reichlich Taxis, doch wer weit nach außerhalb fährt, sollte den Wagen am Ziel warten lassen. In dem Fall vereinbart man besser gleich einen Tagesfestpreis – je nach Entfernung wäre mit 400 bis 600 Yuan zu rechnen. Kaum ein Fahrer spricht Englisch. Haben Sie Grund zur Beschwerde, melden Sie die innen aushängende Lizenznummer sowie die Autonummer dem *Taxi Supervising Telephone (68 35 11 50)* oder der *Tourist Hot Line | Tel. 65 13 08 28.*

TELEFON & HANDY

Internationale Ferngespräche können von allen Hotels aus erfolgen, der Apparat im Zimmer muss dafür eventuell zuvor freigeschaltet werden. Ihr Mobiltelefon wählt sich in China selbsttätig ins Netz ein (sehr hohe Gebühren: 1 bis über 2 Euro pro Minute beim Anruf nach Haus). Benutzen Sie ein Handy mit Prepaidkarte, hängt es vom Anbieter ab, ob Sie es in China benutzen können (vor der Reise nachfragen!). Am sparsamsten ist eine Telefonkarte für öffentliche Fernsprecher. Bleiben Sie länger und wollen Sie kostengünstig angerufen werden, lohnt es sich, eine chinesische Sim-Karte zu erwerben. Erste Gelegenheit dazu ist schon im Flughafen.

Vorwahlen: nach Deutschland 0049, nach Österreich 0043, in die Schweiz 0041; internationale Vorwahl für Peking: 008610

TRINKGELD

Trinkgelder sind in Restaurants (außer in gehobenen Hotels) unüblich, unbedingt nötig aber für Reiseleiter. Beim Taxifahren macht sich lächerlich, wer mit dem Mao (ein Zehntel Yuan) geizt.

ZEIT

Der Mitteleuropäischen Zeit ist China um sieben Stunden voraus, während der Sommerzeit in Europa nur um sechs Stunden.

ZOLL

Devisenein- und -ausfuhr ist in beliebiger Menge möglich. Zollfrei bei der Einreise sind 400 Zigaretten und zwei Flaschen Spirituosen. Nicht exportierbar sind Geldbeträge über 6000 Yuan und Antiquitäten, sofern nicht mit rotem Siegel freigegeben. Freimengen in die EU (die Schweiz) u.a.: 200 Zigaretten oder 50 Zigarren oder 250 g Tabak, 1 l Alkohol über oder 2 l bis 22 (15) Vol.-%, andere Waren im Wert von 175 Euro (300 Franken), in die EU außerdem 50 g Parfüm und 0,25 l Eau de Toilette. *www.zoll.de*

> DORTHIN, BITTE ...

Hier finden Sie alle Ziele auf Chinesisch – zum Zeigen

Hinweise

Was fehlt, finden Sie über den Straßennamen, Hotelbars und -restaurants über den Namen des Hotels, Läden und Lokale in Einkaufszentren über deren Namen.

Altes Observatorium	故观象台
Arbeiterstadion	工人体育场
Ba Da Chu	八大处
Baita Si	白塔寺
Baiyun Guan	白云观
Bamboo Garden Hotel	旧鼓楼大街，竹园宾馆
Beihai-Park, Südtor/Nordtor	北海公园南门 / 北海公园北门
Beijing Curio City	北京古玩城
Beijing Da Dong Roast Duck Restaurant	东四十条甲22号，北京大董烤鸭店
Beijing Hotel	北京饭店
Beijing Jadeware Factory	光明路，北京玉器厂
Beijing Planning Exhibition Hall	北京市规划展览馆
Biyun Si (Kloster d. azurblauen Wolken)	碧云寺
Bookworm: Nansanlitun Lu, Geb. 4	南三里屯路4号楼
Botschaft Deutschlands	东直门外大街，德国大使馆
Botschaft Österreichs	秀水南街，奥地利大使馆
Botschaft der Schweiz	三里屯东五街，瑞士大使馆
Chang'an Jie Ost/West	东长安街，西长安街
Chang'an Theater	长安大戏院
Chaoyangmenwai Dajie	朝阳门外大街
Chaoyang-Park	朝阳公园
Chaoyang-Theater	朝阳剧场
China World Hotel/Trade Center	中国大饭店 / 国际贸易中心
Courtyard: Donghuamen Dajie	东华门大街
Crowne Plaza Hotel	王府井，国际艺苑皇冠饭店
Dashalan	大栅栏
Dashanzi Art District	大山子艺术区
Dengshikou Xijie	灯市口西街
Din Tai Fung	新源西里中街，鼎泰丰
Dong'anmen Dajie	东安门大街
Dongjiaominxiang Hotel	东交民巷饭店
Dongsanhuan Beilu	东三环北路
Dongyue Miao	东岳庙
Ehemaliges Gesandtschaftsviertel: Taijichang Dajie	台基厂大街
Erdaltar: Erdaltar-Park, Südtor	地坛公园南门

CHINESISCH ZUM ZEIGEN

Erntealtar: Sun-Yatsen-Park	中山公园
Exhibition Centre Hotel	展览馆宾馆
Fahai Si	法海寺
Fangshan Restaurant	北海公园，仿膳饭庄
Flughafen	首都机场
Free Transform: Jiugulou Dajie Südende	旧鼓楼大街，鼓楼西大街路口
Freundschaftsladen	建国门外大街，友谊商店
Fu Jia Lou	东四十条，福家楼
Gaobeidian Gujiaju Cun	高碑店古家具村
Geologisches Museum	地质博物馆
Glockenmuseum im Dazhong Si	大钟寺古钟博物馆
Gongrentiyuchang Beilu/Donglu/Xilu	工人体育场北路 / 东路 / 西路
Grand Hotel	贵宾楼饭店
Great Wall Sheraton	长城饭店
Große Mauer: Badaling, Juyong Guan, Mutianyu, Simatai	八达岭长城，居庸关，慕田峪长城，司马台长城
Haoyuan Hotel	史家胡同，好园宾馆
Hauptbahnhof	北京站
Hauptstadtmuseum	木樨地，首都博物馆
Hilton	希尔顿饭店
Himmelsaltar Südtor/Westtor	天坛公园南门，天坛公园西门
Hongqiao-Markt, -Spielzeugmarkt	红桥市场，红桥玩具市场
Houhai, Hinterer See	什刹海后海
Houhai Nanyan (Houhai-Südwestufer)	什刹海后海南沿
Howard Johnson Paragon Hotel	宝辰饭店
Hua Du Hotel	华都饭店
Hu-Guang-Gildenhaus	虎坊桥，湖广会馆
Hui An Carpet Shopping Center	安定路，汇安地毯商城
Jianguo Hotel	建国饭店
Jianguomen/Jianguomenwai Dajie	建国门 / 建国门外大街
Jietai Si	戒台寺
Kaiserliche Akademie	国子监
Kaiserpalast Mittagstor (Haupteingang)	故宫午门
Kaiserpalast Nordtor	故宫神武门
Kaiserstadtmuseum	菖蒲河公園，皇城艺术馆
Kaorou Ji	什刹海前海东沿，烤肉季
Kempinski Hotel	燕莎中心凯宾斯基饭店
Kerry Centre Hotel	光华路，嘉里中心饭店
Kohlehügel (Jingshan)	景山
Konfuziustempel	孔庙
Kulturpalast der Nationalitäten	民族文化宫
Kulturpalast der Werktätigen	劳动人民文化宫

Lao She Teahouse	前门西大街，老舍茶馆
Liulichang	琉璃厂
Liyuan Theatre	前门饭店，梨园剧场
Longqing Xia	龙庆峡
Lotus Hostel	西四北七条旅社
Lotus Root	烟袋斜街，耦餐厅
Lufthansa Center	燕莎中心
Lüsongyuan Hotel	宽街板厂胡同，侣松园宾馆
Mao-Mausoleum	毛主席纪念堂
Marco-Polo-Brücke	卢沟桥
Mei-Lanfang-Haus	梅兰芳故居
Militärmuseum	军事博物馆
Millenniumsmonument	中华世纪坛
Ming-Gräber:	明十三陵
Changling, Dingling, Seelenweg	长陵，定陵，明陵神道
Minzu Hotel	民族饭店
Museum für alte chinesische Architektur	先农坛，古代建筑博物馆
Nanluogu Xiang	南锣鼓巷
Nationalgalerie	中国美术馆
Nationalmuseum	中国国家博物馆
Nationalstadion	国家体育场
Nationaltheater	国家大剧院
New Century Hotel	新世纪饭店
Niu-Jie-Moschee	牛街清真寺
Novotel Peace Hotel	和平宾馆
Novotel Xinqiao	崇文门，新桥饭店
Nuage	什刹海前海东沿，庆云楼
Oriental Peace Hotel	东单三条甲33号，东方和平宾馆
Oriental Plaza	东方广场
Panjiayuan-Markt	潘家园旧货市场
Park der Kaiserstadtmauer	皇城根遗址公园
Peace Art	光华路，和平艺苑
Pekingmensch-Museum in Zhoukoudian	周口店 北京猿人遗址博物馆
Peninsula Hotel	王府半岛饭店
Pure Lotus Vegetarian	东三环北路长虹桥文联内，净心莲
Qianhai Dongyan/Nanyan	前海东沿，前海南沿
Qianhai Xiyan (Lotus Lane)	前海西沿
Qianmen, Vorderes Tor	前门
Radisson SAS Hotel	北京皇家大饭店
Red Theatre	崇文区幸福大街，红剧场
Residenz des Prinzen Gong	恭王府
Residenz Song Qinglings	宋庆龄故居
Saga International Youth Hostel	南小街史家胡同，实佳青年旅舍
Sanlitun, Sanlitun Lu (Südende)	三里屯，三里屯路南口
Sanlitun Beixiaojie	三里屯北小街
Sanwei Bookstore	复兴门内大街，三味书屋

Schiller`s: Liangmahe Nanlu	亮马河南路
Science and Technology Museum	中国科学技术馆
Shangri-La	香格里拉饭店
Shichahai: Vorderer See	什刹海前海
798 Space	酒仙桥路大山子艺术区798太空间
Sihe Hotel	东四南大街灯草胡同四合宾馆
Sleepy Inn	德胜门内大街，丽舍青年酒店
Sommerpalast Yihe Yuan, Osttor	颐和园东宫门
Songhelou	台基厂大街，松鹤楼
South Silk Road	前海西沿，茶马古道
St. Regis	北京国际俱乐部饭店
Stadtmauer, Südostecke	东便门角楼
Sun Dong An Plaza	新东安市场
Tanzhe Si	潭柘寺
Tian`an Men, Tian`anmen-Platz	天安门，天安门广场
Tianqiao Paradise Teahouse	天桥市场，天桥乐茶园
Tiyuguan Lu	体育馆路
Traders Hotel	国贸饭店
Trommelturm, Glockenturm	鼓楼，钟楼
U-Bahn-Haltestelle	地铁站
„Unterirdische Stadt“	西打磨厂街，地下城
Volkskongresshalle	人民大会堂
Wan Fung Art Gallery	南池子大街皇史宬，云峰画苑
Wangfujing	王府井大街
Westbahnhof	北京西站
What? Bar	北长街，什么？酒吧
Wofo Si	卧佛寺
Wuta Si	五塔寺
Xiangshan: Xiangshan-Park, Nordtor	香山公园北门
Xiao Wang`s Home Restaurant	小王府
Qianhai Beiyan	前海北沿
im Ritan-Park	日坛公园北门
Xi Caoshi Jie	西草市街
Xiushui-Markt	新秀水街
Xu-Beihong-Museum	徐悲鸿纪念馆
Yan Huang Art Gallery	炎黄艺术馆
Yashow-Markt	雅秀服装市场
Yongding Men	永定门
Yonghe Gong (Lamatempel)	雍和宫
Yuanming Yuan, Osttor	圆明园东门
Yugong Yishan: Zhangzizhong Lu	张自忠路
Zhaojia-Markt	东三环南路，兆佳市场
Zhaolong Hotel	兆龙饭店
Zhong Ou Hotel	农展馆北路，中欧宾馆
Zoo, Aquarium	动物园，北京海洋馆

> 你会说汉语吗?

„Sprichst du Chinesisch?" Dieser Sprachführer hilft Ihnen, die wichtigsten Wörter und Sätze auf Chinesisch zu sagen

Aussprache

Die wichtigsten Besonderheiten der Standardumschrift (linke Spalte, kursiv) und wie wir sie im Sprachführer wiedergeben.

ao	wie au. Wir schreiben au.
c	wie tz in „Platz." Wir schreiben tz.
ei	wie eh in „Weh". Wir schreiben eh.
ch	wie tsch in „deutsch". Wir schreiben tsch.
i	nach *c, ch, r, s, sh, z, zh:* verlängert nur den Anlaut, stimmhaft. Wir schreiben i.
j	wie dj in „Django". Wir schreiben dj.
h	wie ch in „ach". Wir schreiben h.
q	wie tch in „Lottchen". Wir schreiben tch.
r	am Silbenanfang wie g in „Genie", sonst wie englisches r. Wir schreiben r.
s	wie ß. Wir schreiben ß.
sh	wie sch. Wir schreiben sch.
x	wie ch in „ich". Wir schreiben ch.
z	wie s in „Sonne" mit einem d davor. Wir schreiben ds.
zh	wie dsch in „Dschungel". Wir schreiben dsch.

Bitte beachten: Doppel- und Dreifachvokale sind nicht getrennt, sondern in eins zu sprechen, so ist z.B. „schuang" oder „liau" jeweils nur eine Silbe.

Die vier verschiedenen Silbenakzente in der chinesischen Hochsprache sind nicht in jedem Fall zum Verständnis wichtig. Falls Sie es dennoch probieren wollen:

ˉ 1. Ton: gleichbleibend hoch
ˊ 2. Ton: ansteigend
ˇ 3. Ton: absinkend-ansteigend
ˋ 4. Ton: fallend

hohe Tonlage

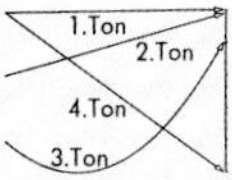

tiefe Tonlage

AUF EINEN BLICK

Ja, richtig.	duèh.	对。
Ja, einverstanden.	hǎu.	好。
Nein, falsch.	bú duèh.	不对。
Nein, ich lehne ab.	bù hǎu.	不好。
Danke.	chiàchià.	谢谢。
Bitte, nichts zu danken!	bú chià!	不谢！
Bitte! (Aufforderung)	tchǐng!	请！
Entschuldigung!	duèh bù tchǐ!	对不起！
Wie bitte?	nǐ schuō schémmo?	你说什么？
Ich verstehe Sie nicht.	uǒ bù dǔng?	我不懂。
Ich möchte …	uǒ yàu …	我要...
Das gefällt mir.	uǒ hěn chǐ huān.	我很喜欢。
Das gefällt mir nicht.	uǒ bù chǐ huān.	我不喜欢。
Bitte nicht/bitte kein!	bú yàu!	不要！
Wo ist die Toilette?	tzè ßuǒ dsài nǎli?	厕所在哪里？
Eine Quittung, bitte!	yàu fā piàu.	要发票。

SPRACHFÜHRER CHINESISCH

KENNENLERNEN

Guten Morgen!	dsău!	早！
Guten Tag/Abend!	nĭ hău!	你好！
Wie heißen Sie?	nín guèh chìng!	您贵姓？
Wie geht es Ihnen/dir?	nĭ hău ma?	你好吗？
Auf Wiedersehen!	dsài djiần!	再见！
Bis morgen!	míngtiā̃n djiần!	明天见！

UNTERWEGS

AUSKUNFT

links/rechts	dsuŏ/yòu	左/右
geradeaus	uăng tchiấn	往前
nach Osten/Westen	uăng dūng/chī	往东/西
nach Norden/Süden	uăng bĕh/nán	往北/南
Ist es weit?	yüăn bù yüăn?	远不远？
Bitte, wo ist …	huŏ tschē dschàn	
… der Bahnhof?	dsài năli?	火车站在哪里？
… die U-Bahn?	dì tiẳ dsài năli?	地铁在哪里？
… die Bushaltestelle?	tschē dschàn dsài năli?	车站在哪里？
Welcher Bus fährt nach…?	dàu … dsuò djĭ lù?	到 ... 坐几路？

FAHRRADFAHREN

Ich möchte ein Rad mieten.	uŏ yàu dsū í liàng dsì chíng tschē.	我要租一辆自行车。
Was kostet es pro Tag?	ì tiā̃n duō schău tchiấn?	一天多少钱？
Die Bremse funktioniert nicht richtig.	schā tschē huàile.	刹车坏了。

TAXI FAHREN

Bitte nach/zu …	dàu …	到 ...
Was kostet es nach …?	dàu … duō schău tchiấn?	到 ... 多少钱？
Halten Sie dort!	tchiấn miần tíng tschē!	前面停车！
Ich steige hier aus.	dschè lĭ chià tschē.	这里下车。
Bitte warten Sie.	tjĭng nĭ dĕng uŏ.	请你等我。

FERNVERKEHR

Eine Karte nach …	ì dschāng piàu dàu …	一张票到 ...
Wann fahre ich ab?	schémmo schíhou fā̃ tschē?	什么时候发车？
Wann fliege ich ab?	schémmo schíhou tchĭfē̆h?	什么时候起飞？
Wann komme ich an?	schémmo schíhou dàu?	什么时候到？
Schlafwagen bitte.	uŏ yàu ruăn uò.	我要软卧。

Liegewagen bitte.	uǒ yàu ìng uò.	我要硬卧。
Weiche Sitzklasse bitte.	uǒ yàu ruǎn dsuò.	我要软座。
Harte Sitzklasse bitte.	uǒ yàu ìng dsuò.	我要硬座。

ESSEN/UNTERHALTUNG

Wo gibt es hier ein gutes Restaurant?	fù djìn nǎlǐ yǒu hǎu fànguǎn?	附近哪里有好饭店?
Reservieren Sie uns bitte für heute Abend einen Tisch für … Personen.	uǒmen djīn tiān uǎnschàng dìng … ge rén de uèh dschì.	我们今天晚上订 ... 个人的位置。
Bitte bringen Sie uns …	tjǐng lái …	请来 ...
Bitte noch etwas Reis.	tjǐng dsài lái mǐfàn.	请再来米饭。
Bitte noch eine Flasche Bier.	tjǐng dsài lái ì píng pídjiǒu.	请再来一瓶啤酒。
Danke, genug!	gòule, chiǎchiä.	够了, 谢谢。
Prost!	gān bēh!	干杯。
Bezahlen bitte.	uǒ yàu fù tchiấn.	我要付钱。

EINKAUFEN

Wo bekomme ich …	nǎlǐ néng mǎi dàu …	哪里能买到 ...
… Filme?	… djiāudjüǎn?	... 胶卷?
… Obst?/Kekse?	… schuěhguǒ?/bǐnggān?	... 水果/饼干?
… Medizin?	… yàu?	... 药?
… Zigaretten?	… chiāng yǎn?	... 香烟?
Haben Sie …?	yǒu méh yǒu …?	有没有 ... ?
Haben wir/nicht.	yǒu/méh yǒu.	有/没有。
Was kostet das?	duō schǎu tchiấn?	多少钱?
Bitte zeigen Sie mir das da.	uǒ chiǎng kànkan nèhge.	我想看看那个。
Das ist mir zu teuer.	tài guèh le.	太贵了。
Ich möchte es …		
… kaufen.	uǒ mǎile.	太贵了。
… nicht kaufen.	uǒ bù mǎi.	/我不买。

ÜBERNACHTUNG

Wo kann man hier übernachten?	fù djìn yǒu méh yǒu lǚguǎn?	附近有没有旅馆?
Haben Sie noch Zimmer frei?	hái yǒu méh yǒu fáng djiān?	还有没有房间?
Ich bleibe	uǒ dschù	我住
… eine Nacht.	… íge uǎnschàng.	... 一个晚上。
… drei Tage.	… ßān tiān.	... 三天。
… eine Woche.	… íge chīngtjī.	... 一个星期。
Was kostet eine Nacht?	íge uǎnschàng duō schǎu tchiấn?	一个晚上多少钱?
Haben Sie ein Zimmer mit Bad?	yǒu méh yǒu dài uèh schēng djiǎn de fáng djiän?	有没有带卫生间的房间?

PRAKTISCHE INFORMATIONEN

ARZT

Ich brauche einen Arzt.	uŏ yàu kàn īschēng.	我要看医生。
Ich habe hier Schmerzen.	dschèlǐ téng.	这里疼。
Ich habe Durchfall.	uŏ lā dùdsi.	我拉肚子。
Ich habe Fieber.	uŏ fā schāu.	我发烧。
Haben Sie eine Kopfschmerztablette?	yŏu méh yŏu tóuténg yàu?	有没有头疼药？

GELDWECHSEL

Wo kann man hier Geld tauschen?	fù djìn nălǐ duèh hùan uài bì?	附近哪里兑换外币？
Wie hoch sind die Gebühren?	schŏu chǔ fèh duō schău?	手续费多少？

POST

Nach …	djì uăng …	寄往 …
… Deutschland.	… Déguó.	…德国/ .
… Österreich.	… Àudìlì.	…奥地利/ .
… Schweiz.	… Ruèhschì.	…瑞士.
Mit Luftpost.	hángkūng.	航空 .
Ansichtskarte	míngchìnpiàn	明信片

ZAHLEN

0	líng	零	18	schí-bāh	十八
1	ī	一	19	schí-djiŭ	十九
2	èr*	二	20	èr-schí	二十
3	ßān	三	21	èr-schí-ī	二十一
4	ßì	四	22	èr-schí-èr	二十二
5	ŭh	五	30	ßān-schí	三十
6	liù	六	40	ßì-schí	四十
7	tchī	七	50	ŭh-schí	五十
8	bāh	八	60	liù-schí	六十
9	djiŏu	九	70	tchī-schí	七十
10	schí	十	80	bāh-schí	八十
11	schí-ī	十一	90	djiŭ-schí	九十
12	schí-èr	十二	100	ì-băi	一百
13	schí-ßān	十三	101	ì-băi-líng-ī	一百零一
14	schí-ßì	十四	200	èr-băi	二百
15	schí-ŭh	十五	1.000	ì-tchiān	一千
16	schí-liù	十六	10.000	í-uàn	一万
17	schí-tchī	十七	1.000.000	ì-băi-uàn	一百万

* Zählt man Gegenstände, Personen etc., wird „liăng-gè“ statt „èr“ verwendet.

> Die Seiteneinteilung für den Reiseatlas finden Sie auf dem hinteren Umschlag dieses Reiseführers.

CITYATLAS PEKING

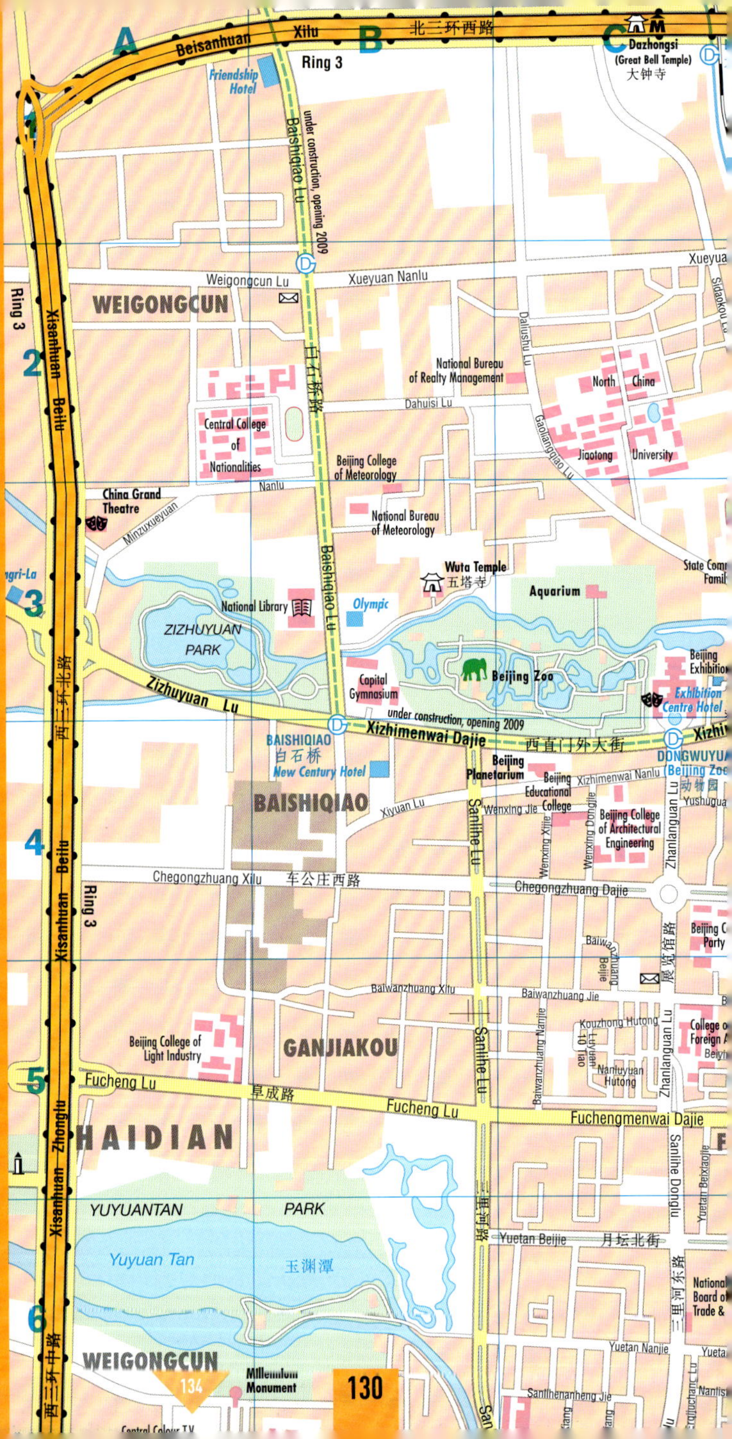

Beisanhuan Xilu
北三环西路
Ring 3
Dazhongsi
(Great Bell Temple)
大钟寺
Friendship Hotel
Baishiqiao Lu
under construction, opening 2009
Weigongcun Lu
Xueyuan Nanlu
Xueyua
WEIGONGCUN
Xisanhuan Beilu
白石桥路
Daliushu Lu
National Bureau of Realty Management
North
China
Jiaotong
University
Dahuisi Lu
Gaoliangqiao Lu
Central College of Nationalities
Beijing College of Meteorology
Nanlu
China Grand Theatre
Minzuxueyuan
National Bureau of Meteorology
Wuta Temple
五塔寺
State Com
Famil
Aquarium
National Library
Olympic
ZIZHUYUAN PARK
Beijing Exhibitio
Capital Gymnasium
Beijing Zoo
Exhibition Centre Hotel
Zizhuyuan Lu
西三环北路
under construction, opening 2009
Xizhimenwai Dajie
西直门外大街
BAISHIQIAO
白石桥
New Century Hotel
DONGWUYUA
(Beijing Zoo
动物园
Beijing Planetarium
Beijing Educational College
Xizhimenwai Nanlu
Yushugua
BAISHIQIAO
Xiyuan Lu
Wenxing Jie
Sanlihe Lu
Beijing College of Architectural Engineering
Wenxing Xijie
Wenxing Dongjie
Zhanlanguan Lu
Ring 3
Chegongzhuang Xilu
车公庄西路
Chegongzhuang Dajie
Xisanhuan Beilu
Baiwanzhuang Beijie
展览馆路
Beijing C
Party
Baiwanzhuang Xilu
Baiwanzhuang Jie
Kouzhong Hutong
Beijing College of Light Industry
GANJIAKOU
Sanlihe Lu
Luyuan 10 Tiao
Nanluyuan Hutong
Baiwanzhuang Nanjie
Zhanlanguan Lu
College o
Foreign
Beiyi
Fucheng Lu
阜成路
Fucheng Lu
Fuchengmenwai Dajie
HAIDIAN
Xisanhuan Zhonglu
Sanlihe Donglu
Yuetan Beixiaojie
YUYUANTAN PARK
三里河路
Yuetan Beijie
月坛北街
Yuyuan Tan
玉渊潭
三里河东路
National Board of Trade &
Xisanhuan Zhonglu
Yuetan Nanjie
Yueta
WEIGONGCUN
134
Millennium Monument
西三环中路
Sanlihenanheng Jie
Central Colour TV
Nanlis
Ring 3
A
B
C
1
2
3
4
5
6

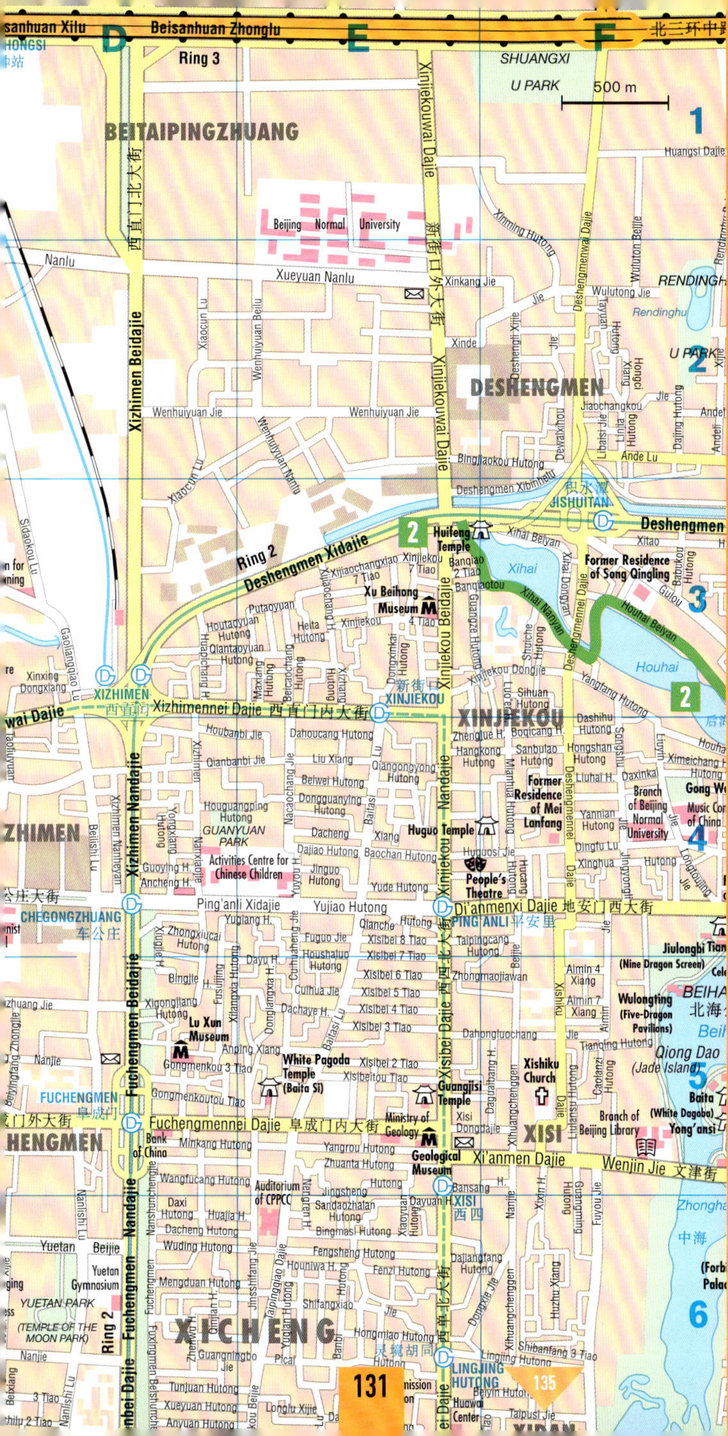
Beisanhuan Xilu
Beisanhuan Zhonglu
北三环中路
D
E
F
Ring 3
SHUANGXI
U PARK
500 m
1
BEITAIPINGZHUANG
Huangsi Dajie
西直门北大街
Beijing Normal University
Xinjiekouwai Dajie
新街口外大街
Ximing Hutong
Deshengmenwai Dajie
Wulutong Beijie
RENDINGHU
Nanlu
Xueyuan Nanlu
Xinkang Jie
Wulutong Jie
Rendinghu U PARK
2
Xiaocun Lu
Wenhuiyuan Beilu
Xizhimen Beidajie
Xinde
DESHENGMEN
Deshengmen Xijie
Jiaochangkou
Wenhuiyuan Jie
Wenhuiyuan Nanlu
Bingjiaokou Hutong
Dewaixikou
Libaisi Jie
Ande Lu
Xiaocun Lu
Deshengmen Xibinhelu
积水潭
JISHUITAN
Deshengmen
Sidaokou Lu
Ring 2
Deshengmen Xidajie
Huifeng Temple
Xihai Beiyan
Xitao
Xihai
Former Residence of Song Qingling
Xijiaochangxiao 7 Tiao
Xinjiekou 7 Tiao
Banqiao 2 Tiao
Banqiaotou
Xu Beihong Museum
Xihai Nanyan
Houhai Beiyan
Gulou
3
Putaoyuan
Houtaoyuan Hutong
Qiantaoyuan Hutong
Heita Hutong
Xinjiekou 4 Tiao
Guanqze Hutong
Deshengmennei Dajie
Houhai
Gaoliangqiao Lu
Xinxing Dongxiang
Xinjiekou Dongjie
新街口
XINJIEKOU
Sihuan Hutong
Yangfang Hutong
XIZHIMEN
西直门
Xizhimennei Dajie 西直门内大街
XINJIEKOU
Dashihu Hutong
Houbanbi Jie
Dahoucang Hutong
Zhengjue H.
Boqicang H.
Qianbanbi Jie
Liu Xiang
Hangkong Hutong
Sanbutao Hutong
Hongshan Hutong
Ximeichang Hutong
Beiwei Hutong
Qiangongyong Hutong
Former Residence of Mei Lanfang
Liuhai H.
Daxinkai
Dongguanying Hutong
Houguangping Hutong
Branch of Beijing Normal University
Gong Wang
Music Con of China
ZHIMEN
GUANYUAN PARK
Dacheng
Huguo Temple
Yannian Hutong
4
Xizhimen Nandajie
Dajiao Hutong
Baochan Hutong
Huguosi Jie
Dingfu Lu
Activities Centre for Chinese Children
Guoying H.
Ancheng H.
Jinguo Hutong
Yude Hutong
People's Theatre
Xinghua
公庄大街
Ping'anli Xidajie
Yujiao Hutong
Di'anmenxi Dajie 地安门西大街
CHEGONGZHUANG
车公庄
Yuqiang H.
Qianche Hutong
PING'ANLI 平安里
Zhongxiucai Hutong
Fuguo Jie
Xisibei 8 Tiao
Taipingcang Hutong
Jiulongbi (Nine Dragon Screen)
Dayu H.
Houshaluo Hutong
Xisibei 7 Tiao
Xisibei 6 Tiao
Zhongmaojiawan
Aimin 4 Xiang
BEIHAI
北海
Bingjie
Culhua Jie
Xisibei 5 Tiao
Aimin 7 Xiang
Wulongting (Five-Dragon Pavilions)
Dachaye H.
Xisibei 4 Tiao
Xigongjiang Hutong
Lu Xun Museum
Xisibei 3 Tiao
Dahongluochang
Tianqing Hutong
Qiong Dao (Jade Island)
Anping Xiang
Nanjie
Gongmenkou 3 Tiao
White Pagoda Temple (Baita Si)
Xisibei 2 Tiao
Xisibeitou Tiao
Xishiku Church
5
FUCHENGMEN
阜成门
Gongmenkoutou Tiao
Guangjisi Temple
Baita (White Dagoba)
Fuchengmennei Dajie 阜成门内大街
Ministry of Geology
Xisi Dongdajie
Branch of Beijing Library
Yong'ansi
HENGMEN
Bank of China
Minkang Hutong
Yangrou Hutong
Zhuanta Hutong
XISI
Geological Museum
Xi'anmen Dajie
Wenjin Jie 文津街
Wangfucang Hutong
Auditorium of CPPCC
Jingsheng Hutong
Bansang H.
Zhonghai
中海
Daxi Hutong
Huajia H.
Sandaozhalan Hutong
Dayuan H.
XISI
西四
Dacheng Hutong
Bingmasi Hutong
Yuetan
Beijie
Wuding Hutong
Fengsheng Hutong
Yuetan Gymnasium
Mengduan Hutong
Houniwa H.
Fenzi Hutong
Dajiangfang Hutong
(Forbi Palac
YUETAN PARK
(TEMPLE OF THE MOON PARK)
Ring 2
Fuchengmen
Shifangxiao
6
XICHENG
Hongmiao Hutong
灵境胡同
Shibanfang 3 Tiao
Nanjie
Guangningbo Jie
Lingjing Hutong
3 Tiao
Tunjuan Hutong
LINGJING HUTONG
Xueyuan Hutong
Beiyin Hutong
Anyuan Hutong
Longtu Xijie
Huawai Center
Taipusi Jie
135

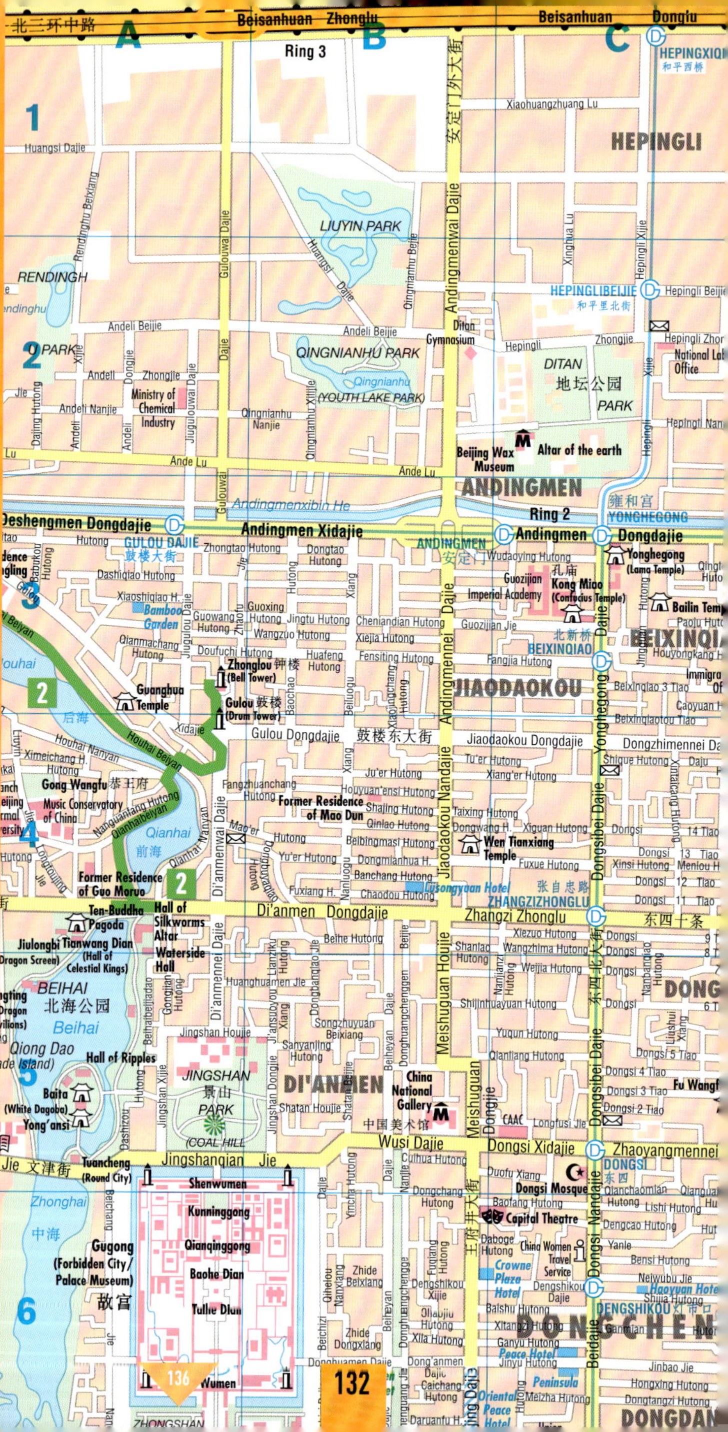

北三环中路
Beisanhuan Zhonglu
Beisanhuan Donglu
A
B
C
1
2
3
4
5
6
Ring 3
HEPINGXIQIAO
和平西桥
Xiaohuangzhuang Lu
安定门外大街
HEPINGLI
Huangsi Dajie
LIUYIN PARK
Rendinghu Beixiang
Huangsi Dajie
Qingnianhu Beijie
Andingmenwai Dajie
Xinghua Lu
Hepingli Xijie
RENDINGH
Gulouwai Dajie
HEPINGLIBEIJIE
和平里北街
Hepingli Beijie
Andeli Beijie
Andeli Beijie
Ditan Gymnasium
Zhongjie
Hepingli Zhongjie
QINGNIANHU PARK
Hepingli
DITAN
地坛公园
PARK
National Lab Office
Andeli Zhongjie
Ministry of Chemical Industry
Qingnianhu
(YOUTH LAKE PARK)
Andeli Nanjie
Qingnianhu Nanjie
Qingnianhu Xiaojie
Hepingli Nanjie
Dajing Hutong
Jiugulouwai Dajie
Beijing Wax Museum
Altar of the earth
Ande Lu
Ande Lu
ANDINGMEN
Andingmenxibin He
雍和宫
YONGHEGONG
Ring 2
Deshengmen Dongdajie
Andingmen Xidajie
Andingmen Dongdajie
GULOU DAJIE
鼓楼大街
ANDINGMEN
安定门
Zhongtao Hutong
Dongtao Hutong
Wudaoying Hutong
Yonghegong (Lama Temple)
Babukou Hutong
Dashiqiao Hutong
孔庙
Guozijian Imperial Academy
Kong Miao (Confucius Temple)
Bailin Temple
Xiaoshiqiao H.
Bamboo Garden
Guoxing Hutong
Jingtu Hutong
Cheniandian Hutong
Guozijian Jie
Paoju Hutong
Guowang Hutong
Wangzuo Hutong
Xiejia Hutong
北新桥
BEIXINQIAO
BEIXINQIAO
Houyongkang Hutong
Qianmachang Hutong
Doufuchi Hutong
Huafeng Hutong
Fensiting Hutong
Fangjia Hutong
Houhai
Zhonglou 钟楼 (Bell Tower)
Jiugulou Dajie
Guanghua Temple
Gulou 鼓楼 (Drum Tower)
Baochao
Beiluogu
Xiaojingchang Hutong
Andingmennei Dajie
JIAODAOKOU
Beixinqiao 3 Tiao
Caoyuan Hutong
Beixinqiaotou Tiao
后海
Xidajie
Gulou Dongdajie
鼓楼东大街
Jiaodaokou Dongdajie
Dongzhimennei Dajie
Houhai Nanyan
Houhai Beiyan
Ju'er Hutong
Tu'er Hutong
Shique Hutong
Ximeichang H.
Xiang'er Hutong
Gong Wangfu 恭王府
Fangzhuanchang Hutong
Houyuan'ensi Hutong
Music Conservatory of China
Nanguanfang Hutong
Qiannanbaiyan
Former Residence of Mao Dun
Shajing Hutong
Qinlao Hutong
Taixing Hutong
Dongwang H.
Xiguan Hutong
Yonghegong Dajie
Dongsibei Dajie
Qianhai
前海
Qianhai Nanyan
Mao'er Hutong
Beibingmasi Hutong
Wen Tianxiang Temple
Fuxue Hutong
Dongsi 14 Tiao
Dongsi 13 Tiao
Xinsi Hutong
Yu'er Hutong
Dongmianhua H.
Banchang Hutong
Dongsi 12 Tiao
Former Residence of Guo Moruo
Di'anmenwai Dajie
Fuxiang H.
Chaodou Hutong
Lüsongyuan Hotel
张自忠路
ZHANGZIZHONGLU
Dongsi 11 Tiao
Nanluogu
Jiaodaokou Nandajie
Ten-Buddha Pagoda
Hall of Silkworms Altar
Di'anmen Dongdajie
Zhangzi Zhonglu
东四十条
Jiulongbi (Dragon Screen)
Tianwang Dian (Hall of Celestial Kings)
Waterside Hall
Beihe Hutong
Xiezuo Hutong
Wangzhima Hutong
Shanlao Hutong
Weijia Hutong
东四北大街
BEIHAI
北海公园
Beihai
Huanghuamen Jie
Gongjian Hutong
Di'anmennei Dajie
Lianziku Hutong
Dongbanqiao Jie
Meishuguan Houjie
Shijinhuayuan Hutong
Nanjianzi Hutong
Nanbanqiao Hutong
DONG
Jingshan Houjie
Songzhuyuan Beixiang
Ji'ansuoyou Xiang
Sanyanjing Hutong
Yuqun Hutong
Qianliang Hutong
Dongsi 5 Tiao
Dongsi 4 Tiao
Dongsi 3 Tiao
Dongsi 2 Tiao
Qiong Dao (Jade Island)
Hall of Ripples
JINGSHAN
景山
PARK
DI'ANMEN
Beiheyan Dajie
Donghuangchenggen
China National Gallery
中国美术馆
Meishuguan Dongjie
CAAC
Longfusi Jie
Fu Wangfu
Baita (White Dagoba)
Yong'ansi
Jingshan Xijie
Jingshan Dongjie
Shatan Houjie
Shatan Beijie
(COAL HILL)
Wusi Dajie
Dongsi Xidajie
Zhaoyangmennei
文津街
Tuancheng (Round City)
Jingshanqian Jie
Culhua Hutong
Duofu Xiang
Dongsi Mosque
DONGSI
东四
Qianchaomian Hutong
Zhonghai
中海
Shenwumen
Beichang Jie
Kunninggong
Yincha Hutong
Dongchang Hutong
Baofang Hutong
Capital Theatre
Lishi Hutong
Dengcao Hutong
Gugong (Forbidden City/ Palace Museum)
故宫
Qianqinggong
Baohe Dian
Daboge Hutong
China Women Travel Service
Yanle
Crowne Plaza Hotel
Bensi Hutong
Zhide Beixiang
Qihelou Nanxiang
Dengshikou Xijie
Fuqiang Hutong
Dengshikou Dajie
Neiwubu Jie
Haoyuan Hotel
Shijia Hutong
DENGSHIKOU
灯市口
Taihe Dian
Olianjiu Hutong
Xila Hutong
Balshu Hutong
Xitangzi Hutong
Ganyu Hutong
Peace Hotel
Jinyu Hutong
DONGCHEN
王府井大街
Dongsi Nandajie
Beidajie
Zhide Dongxiang
Beichizi
Beiheyan
Donghuangchenggen
Donghuamen Dajie
Dong'anmen Dajie
Caichang Hutong
Wumen
Oriental Peace Hotel
Peninsula
Meizha Hutong
Jinbao Jie
Hongxing Hutong
Dongtangzi Hutong
Daruanfu H.
DONGDAN
ZHONGSHAN
136

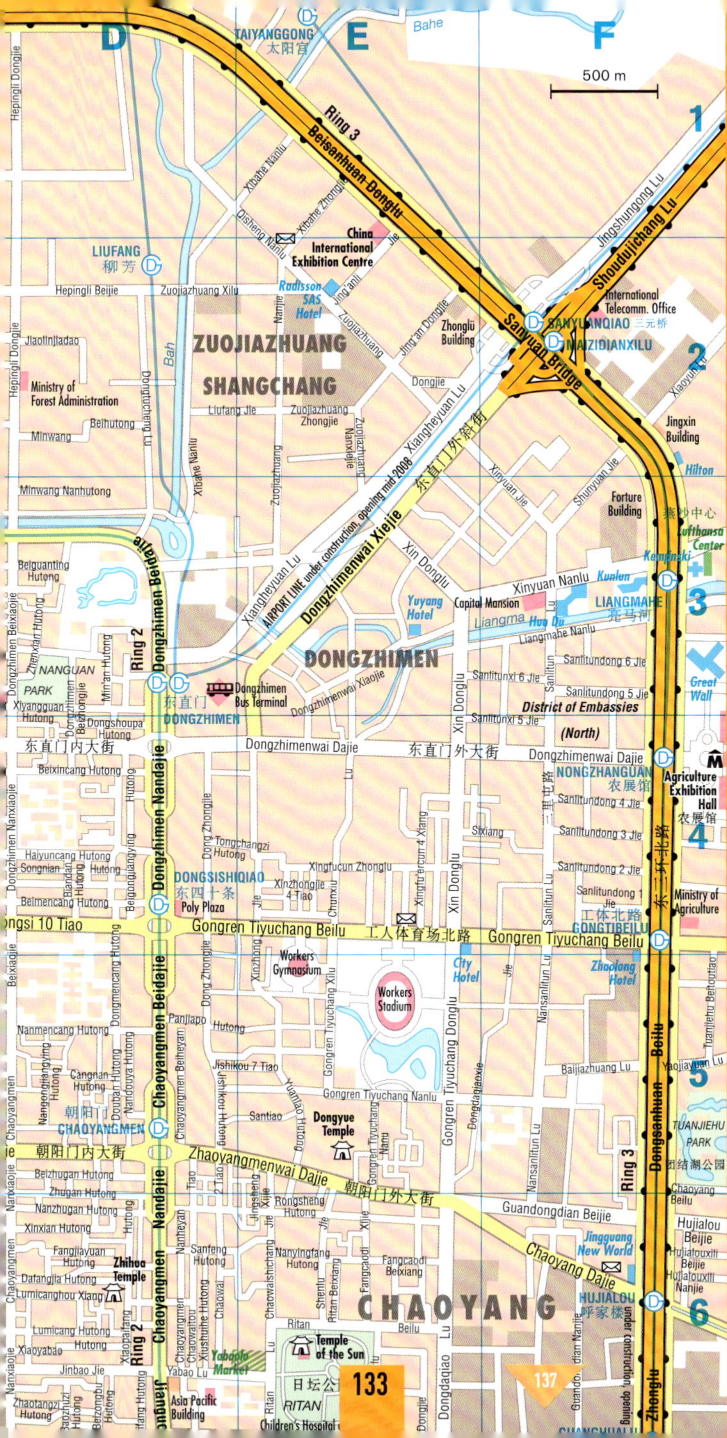
D
E
F
1
2
3
4
5
6
Bahe
500 m
TAIYANGGONG
太阳宫
Ring 3
Beisanhuan Donglu
Hepingli Dongjie
Xibahe Nanlu
Xibahe Zhongjie
Qisheng Nanlu
China International Exhibition Centre
Jie
LIUFANG
柳芳
Hepingli Beijie
Zuojiazhuang Xilu
Radisson SAS Hotel
Jing'anli
Jing'an Dongjie
Zhonglü Building
Sanyuan Bridge
SANYUANQIAO 三元桥
MAIZIDIANXILU
International Telecomm. Office
Jingshunlu
Shoudujichang Lu
Xiaoyun Lu
Jiaolinjiadao
Hepingli Dongjie
ZUOJIAZHUANG
SHANGCHANG
Zuojiazhuang
Dongjie
Ministry of Forest Administration
Bah
Dongtucheng Lu
Beihutong
Minwang
Liufang Jie
Zuojiazhuang Zhongjie
Zuojiazhuang Nanxiejie
Xiangheyuan Lu
东直门外斜街
Xinyuan Jie
Shunyuan Jie
Jingxin Building
Hilton
Minwang Nanhutong
Xibahe Nanlu
Zuojiazhuang
AIRPORT LINE under construction, opening mid 2008
Dongzhimenwai Xiejie
Fortune Building
燕莎中心
Lufthansa Center
Kempinski
Beiguanting Hutong
Dongzhimen Beidajie
Xin Donglu
Xinyuan Nanlu
Kunlun
Yuyang Hotel
Capital Mansion
Liangma
Hua Du
LIANGMAHE
亮马河
Liangmahe Nanlu
Dongzhimen Beixiaojie
Zhenxian Hutong
Min'an Hutong
Ring 2
NANGUAN PARK
DONGZHIMEN
Dongzhimen Bus Terminal
Dongzhimenwai Xiaojie
Sanlitundong 6 Jie
Sanlitunxi 6 Jie
Sanlitun
Sanlitundong 5 Jie
Great Wall
Xiyangguan Hutong
Dongzhimen Beizhongjie
Dongshoupa Hutong
东直门
DONGZHIMEN
Xin Donglu
District of Embassies (North)
Sanlitunxi 5 Jie
东直门内大街
Dongzhimenwai Dajie
东直门外大街
Dongzhimenwai Dajie
Beixincang Hutong
Hutong
NONGZHANGUAN
农展馆
Agriculture Exhibition Hall
农展馆
Sanlitundong 4 Jie
三里屯路
Dongzhimen Nanxiaojie
Dongzhimen Nandajie
Dong Zhongjie
Tongchangzi Hutong
Xingfu'ercun 4 Xiang
Sixiang
Sanlitundong 3 Jie
Haiyuncang Hutong
Songnian Hutong
Biandan Hutong
Beigongjiangying
Xingfucun Zhonglu
Xin Donglu
Sanlitundong 2 Jie
DONGSISHIQIAO
东四十条
Xinzhongjie 4 Tiao
Chunxiu
Sanlitun Lu
Sanlitundong 1 Jie
Ministry of Agriculture
Beimencang Hutong
Poly Plaza
Jie
工体北路
GONGTIBEILU
东三环北路
ongsi 10 Tiao
Gongren Tiyuchang Beilu
工人体育场北路
Gongren Tiyuchang Beilu
Beixiaojie
Dongmencang Hutong
Xinzhong
Workers Gymnasium
Workers Stadium
City Hotel
Jie
Zhaolong Hotel
Tuanjiehu Beitoutiao
Dong Zhongjie
Nanmencang Hutong
Chaoyangmen Beidajie
Chaoyangmen Beiheyan
Panjiapo Hutong
Gongren Tiyuchang Xilu
Gongren Tiyuchang Donglu
Nansanlitun Lu
Dongsanhuan Beilu
Nangongjiangying Hutong
Cangnan Hutong
Douban Hutong
Nandouya Hutong
Jishikou 7 Tiao
Jishikou Hutong
Baijiazhuang Lu
Yaojiayuan Lu
Chaoyangmen
朝阳门
CHAOYANGMEN
Santiao
Yuanlao Hutong
Gongren Tiyuchang Nanlu
Dongyue Temple
Gongren Tiyuchang Nanlu
Dongdaqiaoxie
Nansanlitun Lu
Ring 3
TUANJIEHU PARK
团结湖公园
朝阳门内大街
Zhaoyangmenwai Dajie
朝阳门外大街
Chaoyang Beilu
Beizhugan Hutong
Zhugan Hutong
Nanzhugan Hutong
Xinxian Hutong
Chaoyangmen Nandajie
Tiao
2 Tiao
Jingsheng
Xijie
Rongsheng Hutong
Jie
Xijie
Guandongdian Beijie
Hujialou Beijie
Hujialouxili Beijie
Hujialouxili Nanjie
Jingguang New World
Chaoyang Dajie
HUJIALOU
呼家楼
Fangjiayuan Hutong
Zhihua Temple
Dafangjia Hutong
Lumicanghou Xiang
Nanheyan
Sanfeng Hutong
Chaowaishichang Jie
Nanyingfang Hutong
Shenlu
Ritan Beixiang
Fangcaodi
Fangcaodi Beixiang
CHAOYANG
Lumicang Hutong
Hutong
Xiaoyabao
Ring 2
Jinbao Jie
Xiaopaifang
Chaoyangmen Chaowaitou
Xiushuihe Hutong
Chaowai
Yabaolu Market
Yabao Lu
Ritan
Beilu
Temple of the Sun
日坛公
RITAN
Children's Hospital
Dongjie
Dongdaqiao Lu
Guandongdian Nanjie
under construction, opening
Zhonglu
Zhaotangzi Hutong
Baozhuzi Hutong
Beizongbu Hutong
Jianguo
Asia Pacific Building
137

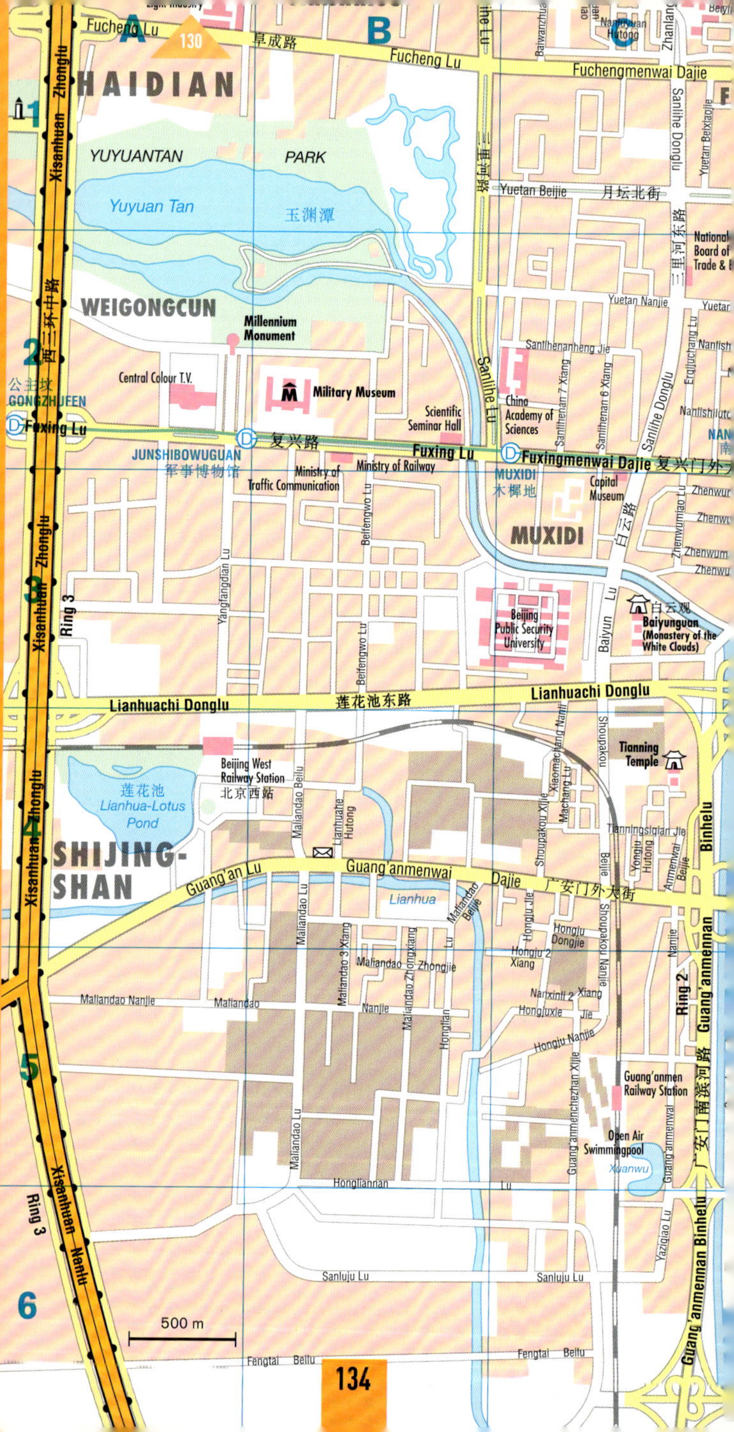
A
B
C
1
2
3
4
5
6
130
HAIDIAN
Fucheng Lu
阜成路
Fuchengmenwai Dajie
YUYUANTAN
PARK
Yuyuan Tan
玉渊潭
WEIGONGCUN
Millennium Monument
Xisanhuan Zhonglu
西三环中路
公主坟
GONGZHUEEN
Central Colour T.V.
Military Museum
Scientific Seminar Hall
China Academy of Sciences
Fuxing Lu
复兴路
JUNSHIBOWUGUAN
军事博物馆
Ministry of Traffic Communication
Ministry of Railway
Fuxingmenwai Dajie
MUXIDI
木樨地
Capital Museum
Sanlihe Lu
三里河路
Yuetan Beijie
月坛北街
Sanlihe Donglu
三里河东路
National Board of Trade &
Yuetan Nanjie
Sanlihenanheng Jie
Sanlihenan 7 Xiang
Sanlihenan 6 Xiang
Sanlihe Donglu
Erjiuchang Lu
Nanlishilu
Zhenwumiao Lu
白云路
Baiyun Lu
Beifengwo Lu
Yangfangdian Lu
Ring 3
Beijing Public Security University
白云观
Baiyunguan (Monastery of the White Clouds)
Lianhuachi Donglu
莲花池东路
莲花池
Lianhua-Lotus Pond
Beijing West Railway Station
北京西站
Maliandao Beilu
Lianhuahe Hutong
Shoupakou
Xiaomachang Nanli
Machang Lu
Shoupakou Xijie
Tianning Temple
Tianningsiqian Jie
Yongju Hutong
Anmenwai Beijie
Binhelu
SHIJING-SHAN
Guang'an Lu
Guang'anmenwai Dajie
广安门外大街
Lianhua
Maliandao Lu
Maliandao Beijie
Hongju Jie
Hongju Dongjie
Hongju 2 Xiang
Shoupakou Nanjie
Maliandao 3 Xiang
Maliandao Zhongjie
Maliandao Zhongxiang
Maliandao Nanjie
Nanxinli 2 Xiang
Hongjuxie Jie
Hongju Nanjie
Hongtian
Guang'anmenchezhan Xijie
Guang'anmen Railway Station
Open Air Swimmingpool
Xuanwu
Guang'anmenwai
Ring 2
Guang'anmennan
广安门南滨河路
Guang'anmennan Binhelu
Honglian Nan Lu
Yaziqiao Lu
Sanluju Lu
Xisanhuan Nanlu
500 m
Fengtai Beilu

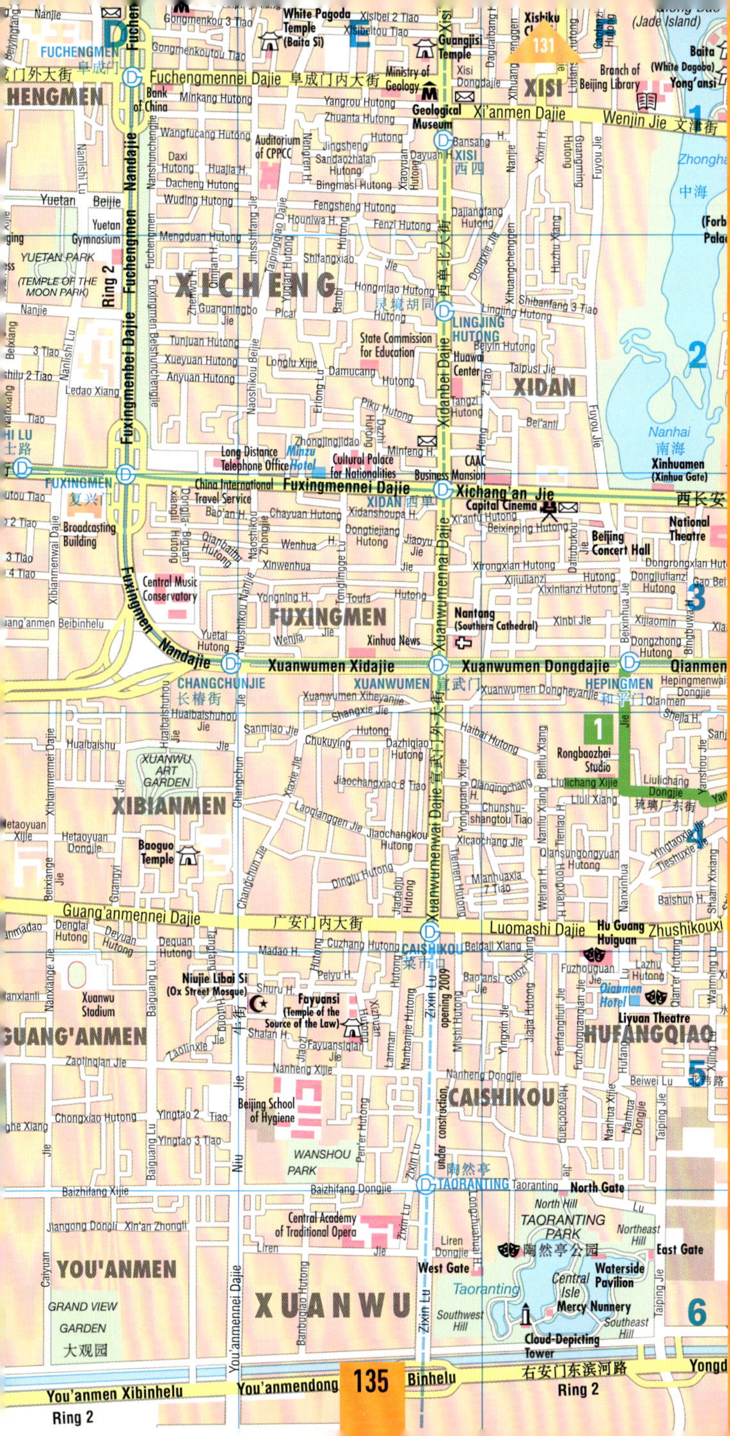
D
E
131
FUCHENGMEN
阜成门
HENGMEN
Fuchengmennei Dajie 阜成门内大街
Gongmenkou 3 Tiao
Gongmenkoutou Tiao
White Pagoda Temple (Baita Si)
Xisibei 2 Tiao
Xisibeitou Tiao
Guangji Temple
Xishiku
Baita
(White Dagoba)
Yong'ansi
(Jade Island)
Branch of Beijing Library
Ministry of Geology
Geological Museum
Xisi Dongdajie
Bank of China
Minkang Hutong
Yangrou Hutong
Zhuanta Hutong
Xi'anmen Dajie
Wenjin Jie 文津街
XISI
1
Wangfucang Hutong
Auditorium of CPPCC
Jingsheng Hutong
Sandaozhalan Hutong
Bansang
XISI 西四
Zhonghai
中海
Daxi Hutong
Huajia H.
Dacheng Hutong
Wuding Hutong
Bingmasi Hutong
Yuetan Beijie
Yuetan Gymnasium
YUETAN PARK
(TEMPLE OF THE MOON PARK)
Ring 2
Fuchengmen
Fengsheng Hutong
Houniwa H.
Fenzi Hutong
Dajiangfang Hutong
(Forbidden Palace)
Mengduan Hutong
Shifangxiao
XICHENG
Hongmiao Hutong
灵境胡同
LINGJING HUTONG
Lingjing Hutong
Shibanfang 3 Tiao
Guangningbo Jie
Pical
Nanjie
Fuchengmenbei Dajie
Tunjuan Hutong
Xueyuan Hutong
Anyuan Hutong
Longtu Xijie
State Commission for Education
Damucang Hutong
Huawai Center
Beiyin Hutong
Talpusi Jie
XIDAN
2
Ledao Xiang
Piku Hutong
Tangzi Hutong
Bei'anli
Nanhai
南海
Zhongjingjidao
Minfeng H.
Long Distance Telephone Office
Minzu Hotel
Cultural Palace for Nationalities
Business Mansion
CAAC
Xinhuamen (Xinhua Gate)
FUXINGMEN
复兴门
China International Travel Service
Fuxingmennei Dajie
XIDAN 西单
Xichang'an Jie
西长安
Capital Cinema
Bao'an H.
Chayuan Hutong
Xidanshoupa H.
Xi'anfu Hutong
Beixinping Hutong
National Theatre
Broadcasting Building
Wenhua H.
Dongtiejiang Hutong
Jiaoyu Jie
Beijing Concert Hall
Xinwenhua
Xirongxian Hutong
Dongrongxian Hutong
Xijiulianzi Hutong
Dongjiulianzi Hutong
Central Music Conservatory
Yongning H.
Toufa Hutong
Xinxinlianzi Hutong
3
FUXINGMEN
Nantang (Southern Cathedral)
Xinbi Jie
Xijiaomin
Fuxingmen Nandajie
Yuetai Hutong
Wenjia Jie
Xinhua News
Dongzhong Hutong
Xuanwumen Xidajie
Xuanwumen Dongdajie
Qianmen
CHANGCHUNJIE
长椿街
XUANWUMEN 宣武门
HEPINGMEN
和平门
Hepingmenwai Dongjie
Xuanwumen Xiheyanjie
Xuanwumen Dongheyanjie
Huaibaishuhou Jie
Sanmiao Jie
Shangxie Jie
Qianmen
1
Huaibaishu
XUANWU ART GARDEN
Chukuying
Hutong
Dazhiqiao Hutong
Haibai Hutong
Rongbaozhai Studio
Liulichang Xijie
Liulichang Dongjie
琉璃厂东街
Jiaochangxiao 8 Tiao
Qianqingchang H.
Liuli Xiang
XIBIANMEN
Laoqianggen Jie
Jiaochangkou Hutong
Chunshu-shangtou Tiao
Xicaochang Jie
Qiansungongyuan Hutong
Yingtaoxie Jie
Tieshuxie Jie
4
Baoguo Temple
Hetaoyuan Dongjie
Dinglu Hutong
Mianhuaxia 7 Tiao
Baishun H.
Guang'anmennei Dajie
广安门内大街
Luomashi Dajie
Hu Guang Huiguan
Zhushikouxi
Denglai Hutong
Deyuan Hutong
Dequan Hutong
Madao H.
Cuzhang Hutong
CAISHIKOU
菜市口
Beidaji Xiang
Peiyu H.
Bao'ansi Jie
Guozi Xiang
Fuzhouguan Jie
Lazhu Hutong
Xuanwu Stadium
Niujie Libai Si (Ox Street Mosque)
Shuru H.
Fayuansi (Temple of the Source of the Law)
Shalan H.
Fayuansiqian Jie
Zixin Lu
opening 2009
Qianmen Hotel
Liyuan Theatre
GUANG'ANMEN
HUFANGQIAO
Zaolinxie Jie
Zaolinqian Jie
Nanheng Xijie
Nanheng Dongjie
Beiwei Lu
北纬路
5
CAISHIKOU
Chongxiao Hutong
Yingtao 2 Tiao
Yingtao 3 Tiao
Beijing School of Hygiene
WANSHOU PARK
under construction
陶然亭
TAORANTING
Taoranting
North Gate
Baizhifang Xijie
Baizhifang Dongjie
North Hill
TAORANTING PARK
陶然亭公园
Northeast Hill
East Gate
Jiangong Dongli
Xin'an Zhongli
Central Academy of Traditional Opera
Liren Dongjie
West Gate
YOU'ANMEN
GRAND VIEW GARDEN
大观园
XUANWU
Taoranting
Central Isle
Waterside Pavilion
Mercy Nunnery
Southwest Hill
Southeast Hill
Cloud-Depicting Tower
6
You'anmennei Dajie
右安门东滨河路
Yongd
You'anmen Xibinhelu
You'anmendong
135
Binhelu
Ring 2
Ring 2

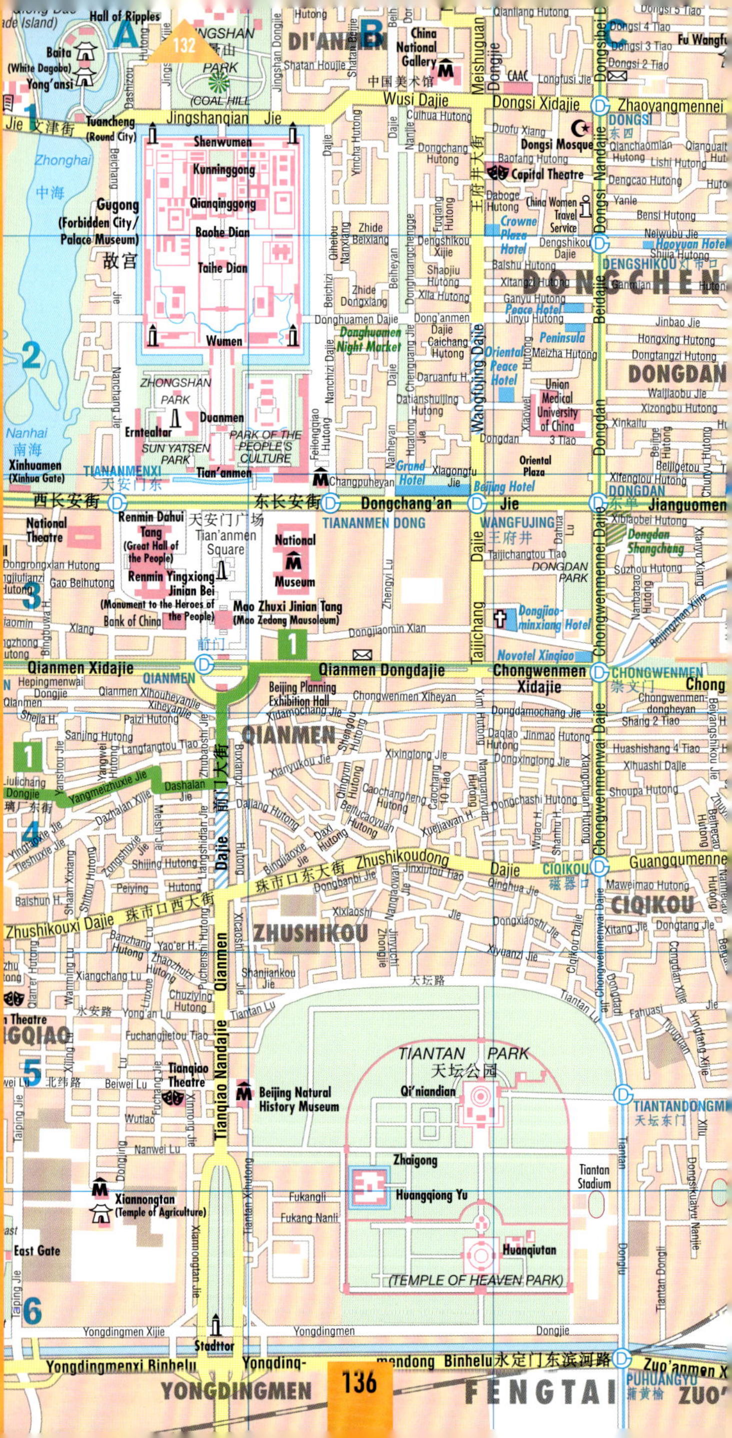

132
136
A
B
C
1
2
3
4
5
6
Hall of Ripples
Jade Island
Baita
(White Dagoba)
Yong'ansi
Jingshan Park
景山
(COAL HILL)
Jingshan Dongjie
Hutong
DI'ANMEN
Shatan Houjie
China National Gallery
中国美术馆
Meishuguan
Dongjie
CAAC
Longfusi Jie
Qianliang Hutong
Dongsi 5 Tiao
Dongsi 4 Tiao
Dongsi 3 Tiao
Dongsi 2 Tiao
Fu Wangfu
Wusi Dajie
Dongsi Xidajie
Zhaoyangmennei
DONGSI
东四
Dongsi Mosque
Qianchaomlan Hutong
Lishi Hutong
Capital Theatre
Dengcao Hutong
Yanle
Bensi Hutong
China Women Travel Service
Crowne Plaza Hotel
Dengshikou Dajie
Neiwubu Jie
Haoyuan Hotel
Shijia Hutong
DENGSHIKOU 灯市口
Ganmian
DONGCHENG
Jie 文津街
Tuancheng
(Round City)
Jingshanqian Jie
Shenwumen
Kunninggong
Qianqinggong
Baohe Dian
Taihe Dian
Wumen
Gugong
(Forbidden City/
Palace Museum)
故宫
Zhonghai
中海
Beichang
Cuihua Hutong
Duofu Xiang
Baofang Hutong
Dongchang Hutong
Yincha Hutong
Nanjie
Dajie
王府井大街
Daboge Hutong
Zhide Beixiang
Dengshikou Xijie
Shajiu Hutong
Xila Hutong
Zhide Dongxiang
Balshu Hutong
Xitangzi Hutong
Ganyu Hutong
Peace Hotel
Jinyu Hutong
Donghuamen Dajie
Dong'anmen Dajie
Donghuamen Night Market
Caichang Hutong
Peninsula
Jinbao Jie
Hongxing Hutong
Dongtangzi Hutong
Oriental Peace Hotel
Meizha Hutong
Wangfujing Dajie
Daruanfu H.
Datianshuijing Hutong
Union Medical University of China
Beidajie
Dongsi Nandajie
DONGDAN
Waljiaobu Jie
Xizongbu Hutong
Xinkaitu
Nanchang Jie
ZHONGSHAN PARK
Duanmen
Erntealtar
SUN YATSEN PARK
PARK OF THE PEOPLE'S CULTURE
Tian'anmen
Nanhai
南海
Xinhuamen
(Xinhua Gate)
TIANANMENXI
天安门西
Feilonggiao Hutong
Nanchizi Dajie
Changpuheyan
Grand Hotel
Xiagongfu Jie
Beijing Hotel
Dongdan 3 Tiao
Oriental Plaza
Xifengiou Hutong
Beijigetou
Xiaowei Hutong
西长安街
东长安街
Dongchang'an Jie
Jianguomen
DONGDAN
东单
National Theatre
Renmin Dahui Tang
(Great Hall of the People)
天安门广场
Tian'anmen Square
National Museum
TIANANMEN DONG
WANGFUJING
王府井
Xibiaobei Hutong
Dongdan Shangchang
Taijichangtou Tiao
DONGDAN PARK
Suzhou Hutong
Dongrongxian Hutong
Gao Beihutong
Renmin Yingxiong Jinian Bei
(Monument to the Heroes of the People)
Mao Zhuxi Jinian Tang
(Mao Zedong Mausoleum)
Bank of China
Xiang
Zhengyi Lu
Dongjiaomin Xiang
Dongjiao-minxiang Hotel
Novotel Xinqiao
Taijichang
Chongwenmennei Dajie
Beijingzhan Xijie
Nambabao Hutong
Xianyu Xiang
前门
Qianmen Xidajie
QIANMEN
Qianmen Dongdajie
Chongwenmen Xidajie
CHONGWENMEN
崇文门
Hepingmenwai Dongjie
Qianmen Xihouheyanjie
Xiheyanjie
Beijing Planning Exhibition Hall
Chongwenmen Xiheyan
Xidamochang Jie
Dongdamochang Jie
Chongwenmen-dongheyan
Shang 2 Tiao
Paizi Hutong
Sanjing Hutong
Langfangtou Tiao
QIANMEN
Daqiao Hutong
Jinmao Hutong
Xixinglong Jie
Dongxinglong Jie
Huashishang 4 Tiao
Xihuashi Dajie
Liulichang Dongjie
Yangmeizhuxie Jie
Dashalan
Dazhalan Xijie
前门大街
Xianyukou Jie
Caochangheng Hutong
Dongchashi Hutong
Shoupa Hutong
琉璃厂东街
Dajiang Hutong
Xuejiawan H.
Yingtaoxie Jie
Tieshuxie Jie
Shijing Hutong
Zhushikoudong Dajie
珠市口东大街
CIQIKOU
磁器口
Guangqumennei
Peiying Hutong
Dongbanbi Jie
Qinghua Jie
Maweimao Hutong
CIQIKOU
Baishun H.
Zhushikouxi Dajie
珠市口西大街
ZHUSHIKOU
Dongxiaoshi Jie
Xitang Jie
Dongtang Jie
Banzhang Hutong
Yao'er H.
Zhaozhuizi Hutong
Qianmen
Xiyuanzi Jie
Shanjiankou Jie
天坛路
Xiangchang Lu
Chuziying Hutong
Tiantan Lu
Fahuasi
Theatre
永安路
Yong'an Lu
Fuchangjietou Tiao
TIANTAN PARK
天坛公园
Qi'niandian
北纬路
Beiwei Lu
Tianqiao Theatre
Tianqiao Nandajie
Beijing Natural History Museum
TIANTANDONGMEN
天坛东门
Wutiao
Nanwei Lu
Zhaigong
Tiantan Stadium
Xiannongtan
(Temple of Agriculture)
Fukangli
Fukang Nanli
Huangqiong Yu
Huanqiutan
East Gate
(TEMPLE OF HEAVEN PARK)
Xiannongtan Jie
Tiantan Xihutong
Tiantan Dongli
Yongdingmen Xijie
Yongdingmen
Dongjie
Stadttor
Yongdingmenxi Binhelu
Yongdingmendong Binhelu
永定门东滨河路
Zuo'anmen X
PUHUANGYU
蒲黄榆
YONGDINGMEN
FENGTAI

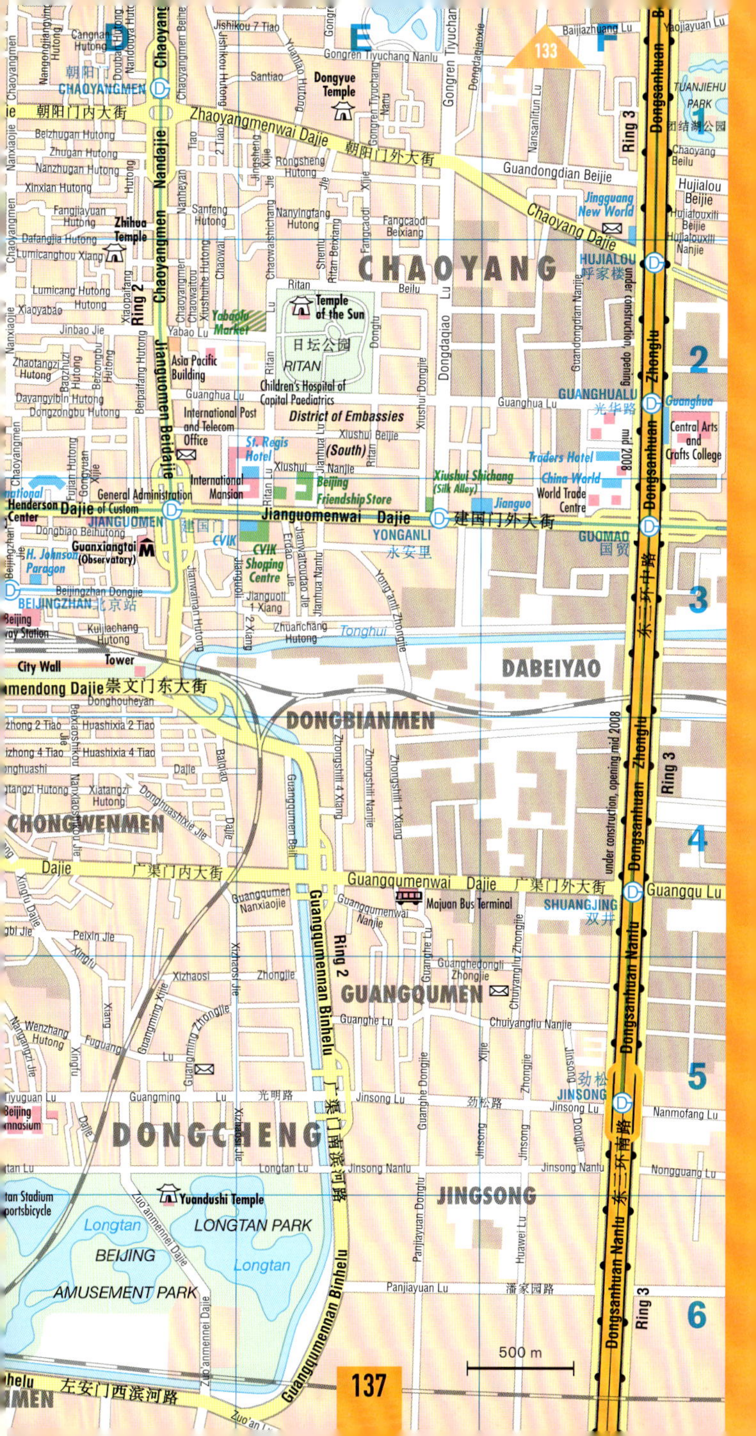
D
E
F
133
1
2
3
4
5
6
B
CHAOYANG
DABEIYAO
DONGBIANMEN
CHONGWENMEN
DONGCHENG
GUANGQUMEN
JINGSONG
Jishikou 7 Tiao
Gongren Tiyuchang Nanlu
Gongren Tiyuchang Nanlu
Baijiazhuang Lu
Yaojiayuan Lu
Cangnan Hutong
朝阳门
CHAOYANGMEN
Chaoyangmen Nandajie
Chaoyangmen Beiie
Santiao
Dongyue Temple
Dongdaqiaoxie
Nansanlitun Lu
Dongsanhuan
Ring 3
TUANJIEHU PARK
团结湖公园
Chaoyang Beilu
朝阳门内大街
Zhaoyangmenwai Dajie
朝阳门外大街
Beizhugan Hutong
Zhugan Hutong
Nanzhugan Hutong
Xinxian Hutong
Rongsheng Hutong
Guandongdian Beijie
Hujialou Beijie
Hujialouxili Beijie
Hujialouxili Nanjie
Jingguang New World
Fangjiayuan Hutong
Zhihua Temple
Sanfeng Hutong
Nanyingfang Hutong
Fangcaodi Beixiang
Chaoyang Dajie
Dafangjia Hutong
Lumicanghou Xiang
HUJIALOU
呼家楼
Ritan
Beilu
Lumicang Hutong
Xiaoyabao Hutong
Ring 2
Yabaolu Market
Yabao Lu
Temple of the Sun
日坛公园
RITAN
Dongdaqiao Lu
Guandongdian Nanjie
under construction, opening mid 2008
Zhonglu
Jinbao Jie
Zhaotangzi Hutong
Asia Pacific Building
Children's Hospital of Capital Paediatrics
Xiushui Dongjie
Dayangyibin Hutong
Dongzongbu Hutong
Guanghua Lu
Guanghua Lu
GUANGHUALU
光华路
Guanghua
International Post and Telecom Office
District of Embassies
Xiushui Beijie
Central Arts and Crafts College
St. Regis Hotel
(South)
Traders Hotel
Jianguomen Beidajie
International Mansion
Xiushui Nanjie
Beijing Friendship Store
Xiushui Shichang (Silk Alley)
China World
World Trade Centre
General Administration of Custom
Henderson Center
Dajie
JIANGUOMEN
建国门
Jianguomenwai Dajie
Jianguo
建国门外大街
YONGANLI
永安里
GUOMAO
国贸
Dongbiao Beihutong
Guanxiangtai (Observatory)
CVIK
CVIK Shopping Centre
H. Johnson Paragon
Beijingzhan Dongjie
BEIJINGZHAN
北京站
Jianguoli 1 Xiang
2 Xiang
Yong'anli Zhongjie
东三环中路
Beijing Railway Station
Kuijiachang Hutong
Zhuanchang Hutong
Tonghui
City Wall
Tower
Chongwenmendong Dajie
崇文门东大街
Donghouheyan
Huashixia 2 Tiao
Huashixia 4 Tiao
Xiatangzi Hutong
Donghuashixie Jie
Zhongshili 4 Xiang
Zhongshili Nanjie
Zhongshili 1 Xiang
Guangqumen Beili
Dajie
广渠门内大街
Guangqumenwai Dajie
广渠门外大街
Guanggu Lu
Guangqumen Nanxiaojie
Guangqumenwai Nanjie
Majuan Bus Terminal
SHUANGJING
双井
Guangqumennan Binhelu
Ring 2
Peixin Jie
Xinfu Dajie
Xinfu
Xizhaosi
Xizhaosi Jie
Zhongjie
Guanghedongli Zhongjie
Chuiyangliu Zhongjie
Chuiyangliu Nanjie
Dongsanhuan Nanlu
Guanghe Lu
Guangming Xijie
Guangming Zhongjie
Wenzhang Hutong
Fuguang
Guangming
Lu
光明路
Jinsong Lu
劲松路
Jinsong Lu
劲松
JINSONG
Nanmofang Lu
Tiyuguan Lu
Beijing Gymnasium
广渠门南滨河路
Longtan Lu
Jinsong Nanlu
Jinsong Nanlu
Nongguang Lu
Longtan Stadium
Yuandushi Temple
Zuo'anmennei Dajie
Longtan
LONGTAN PARK
BEIJING
AMUSEMENT PARK
Longtan
Panjiayuan Donglu
Huawei Lu
Panjiayuan Lu
潘家园路
东三环南路
500 m
左安门西滨河路
Zuo'an Lu

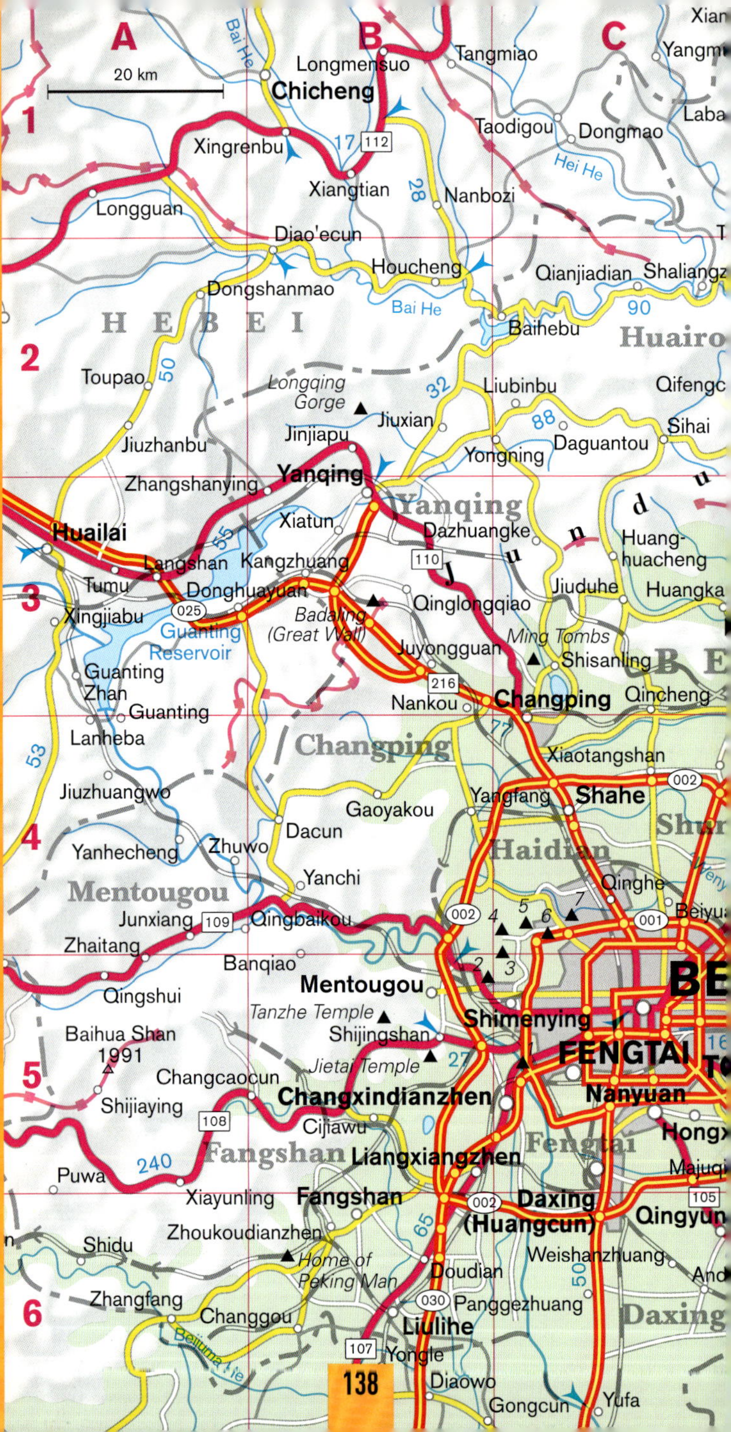
A
B
C
1
2
3
4
5
6
20 km
Bai He
Longmensuo
Tangmiao
Yangm
Chicheng
Laba
Xingrenbu
17
112
Taodigou
Dongmao
Hei He
Longguan
Xiangtian
28
Nanbozi
Diao'ecun
Houcheng
Qianjiadian
Shaliangz
Dongshanmao
Bai He
90
HEBEI
Baihebu
Huairo
Toupao
50
Longqing Gorge
32
Liubinbu
Qifengc
Jiuxian
88
Sihai
Jiuzhanbu
Jinjiapu
Yongning
Daguantou
Zhangshanying
Yanqing
Yanqing
Xiatun
Dazhuangke
Huailai
55
Huang-huacheng
Langshan
Kangzhuang
110
Tumu
Donghuayuan
Jiuduhe
Huangka
Xingjiabu
025
Badaling (Great Wall)
Qinglongqiao
Guanting Reservoir
Ming Tombs
Juyongguan
Shisanling
Guanting Zhan
216
Nankou
Changping
Qincheng
Guanting
Lanheba
77
Changping
Xiaotangshan
53
Jiuzhuangwo
Yangfang
Shahe
002
Gaoyakou
Dacun
Haidian
Yanhecheng
Zhuwo
Yanchi
Qinghe
Mentougou
002
4
5
6
7
001
Beiyu
Junxiang
109
Qingbaikou
Zhaitang
Banqiao
2
3
Qingshui
Mentougou
Tanzhe Temple
Shimenying
Baihua Shan 1991
Shijingshan
FENGTAI
Jietai Temple
27
1
Changcaocun
Shijiaying
Changxindianzhen
Nanyuan
108
Cijiawu
Hongx
Fangshan
Liangxiangzhen
Fengtai
Puwa
240
Majuq
Xiayunling
Fangshan
002
Daxing (Huangcun)
105
Qingyun
Shidu
Zhoukoudianzhen
65
Home of Peking Man
Weishanzhuang
Doudian
50
And
Zhangfang
030
Panggezhuang
Changgou
Liulihe
Daxing
Beijuma He
107
Yongle
Diaowo
Gongcun
Yufa

Points of interest:
1 Lugouqiao (Marco Polo Bridge)
2 Fahai Temple
3 Ba Da Chu
4 Xiangshan Park (Fragrant Hills)
5 Wofo Si (Temple of The Sleeping Buddha)
6 Yihe Yuan (Summer Palace)
7 Ruins of Yuanming Yuan
D
E
F
1
2
3
4
5
6
Zhailing
Yingfang
Luanping
Yaoshang
Tang He
Changshaoying
Fanzipai
Gubeikou
Bakeshiying
Dongyingzi
HEBEI
Great Wall
Baiqi
Great Wall at Simatai
Wuling Shan
1270
Liulimiao
Fengjiayu
Gaoling
Shan
Miyun Reservoir
Taishitun
Beizhuang
Xiwengzhuang
Miyun
Ciangzilu
Xinglong
Great Wall at Mutianyu
Tangzizhuang
Jiushenmiao
Liudaohezi
Tongjunzhuang
Miyun
Miaocheng
Maoshan
Niulanshan
Kaoshanji
Hanzhuang
Shunyi
Zhanggezhuang
Yanggezhuang
Panshan
Pinggu
Pinggu
Chaobai He
Dule Temple
Ji Xian
Zhangxin
Bangjun
Chaoyang
Sanhe
Yinliu
Xiadian
Bieshan
Yanjiao
Huangzhuang
Tantai
Dachang
Zhou He
Tongxian
Xianghe
Xiacang
Niubaotun
Qukou
Xin'anzhen
Baodi
Anping
Liusong
Chaichangtun
Hexiwu
Da Yunhe
TIANJIN SHI
Fengheying
Dakoutun
Wanzhuang
Cuihuangkou
Jiuwuqing
Nancaicun
© Berndtson e.K., Schöngeising

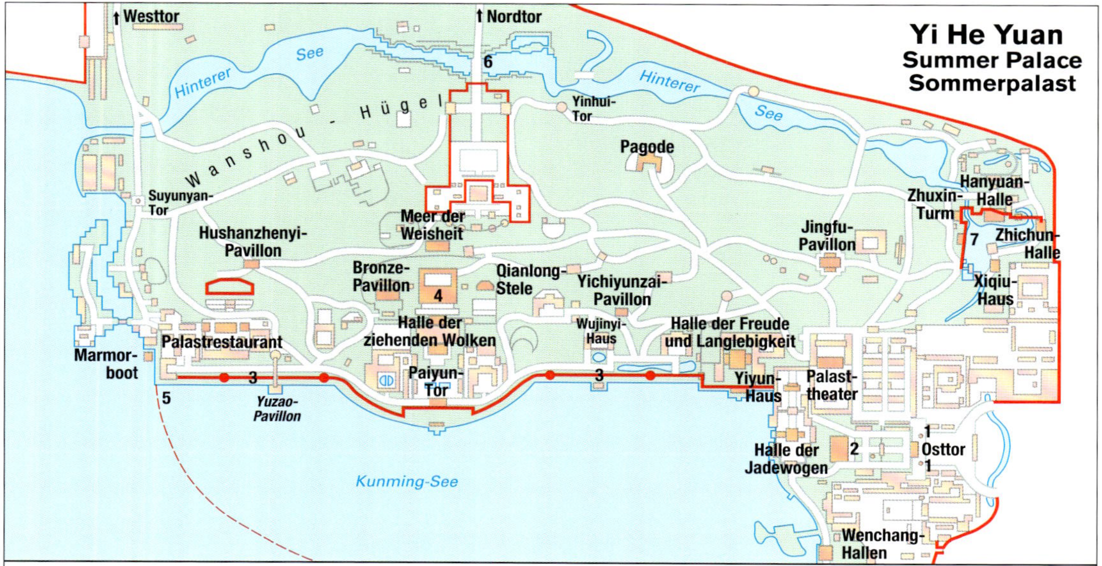

1 Bronzelöwen
2 Halle des Altwerdens durch Güte
3 Langer Wandelgang
4 Pavillon des Buddhaweihrauchs
5 Bootsanlegestelle (zur Nanhu-Insel)
6 Suzhou-Straße
7 Garten des Inneren Einklangs und des Äußeren Wohlgefallens

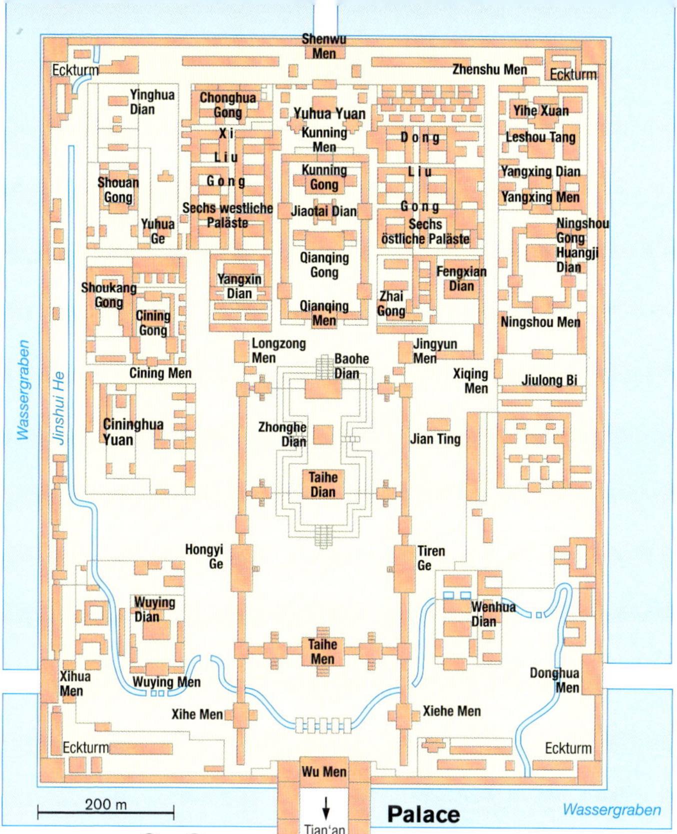

Gu Gong

Palace
Kaiserpalast

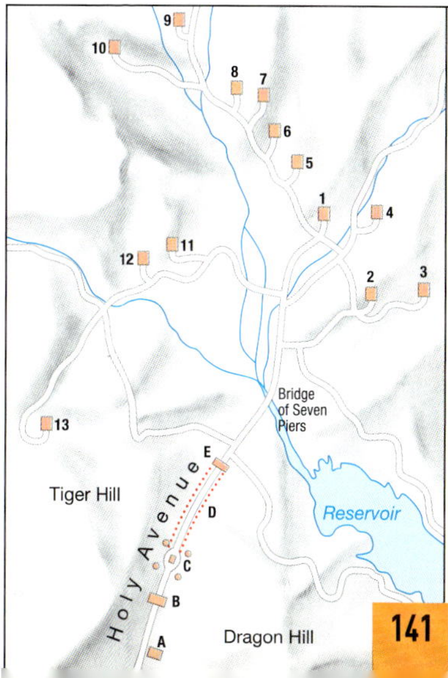

Ming Ling

Ming Graves
Ming-Gräber

1 Chang Ling
2 Yong Ling
3 De Ling
4 Jing Ling
5 Xian Ling
6 Qing Ling
7 Yu Ling
8 Mao Ling
9 Tai Ling
10 Kang Ling
11 Ding Ling
12 Zhao Ling
13 Si Ling

A Marble Gate
B Great Red Gate
C Stele Pavillon
D Guardian Sculptures
E Dragon and Phoenix Gate

2500 m

KARTENLEGENDE

- Kirche
- Moschee
- Tempelkloster
- Information
- Postamt
- Bibliothek
- Busbahnhof
- Theater
- Kino
- Museum
- Turm
- Denkmal
- Flughafen
- U-Bahn
- Zoo
- Aussichtspunkt
- Krankenhaus
- Öffentliches Gebäude
- Bemerkenswertes Gebäude
- Fußgängerzone
- Markt
- Kaufhaus
- Hotel
- **Stadtspaziergänge**

REGISTER

Im Register finden Sie alle in diesem Reiseführer beschriebenen Sehenswürdigkeiten, Museen und Ausflugsziele sowie einige Sachbegriffe. Halbfette Seitenzahlen verweisen auf den Haupteintrag, kursive auf ein Foto.

> SCHREIBEN SIE UNS!

Liebe Leserin, lieber Leser,

wir setzen alles daran, Ihnen möglichst aktuelle Informationen mit auf die Reise zu geben. Dennoch schleichen sich manchmal Fehler ein – trotz gründlicher Recherche unserer Autoren/innen. Sie haben sicherlich Verständnis, dass der Verlag dafür keine Haftung übernehmen kann.

Wir freuen uns aber, wenn Sie uns schreiben.

Senden Sie Ihre Post an die MARCO POLO Redaktion, MAIRDUMONT, Postfach 31 51, 73751 Ostfildern, info@marcopolo.de

IMPRESSUM

Titelbild: Chinesische Oper (Alamy: View Stock China)
Fotos: Alamy: View Stock China (1); H. P. Braunger (43, 63, 104); R. Freyer (2 r., 3 M., 6/7, 8/9, 34, 45, 47, 57, 64, 86, 108/109, 128/129); Volker Häring (12 u., 13 u., 14 u., 15 o., 15 u., 106 o. l., 106 M. r., 106 u. r., 107 M. r., 107 u. r.); HB Verlag: Renckhoff (113); © iStockphoto.com: aldra (14 o.), matt.scherf (107 o. l.), naphtalina (13 o.), shiyali (107 M. l.), Terraxplorer (15 M.), YinYang (106 M. l.); Zornica Kirkova (12 o.); Laif: China Foto Press (21), Hub (98), Krause (35, 100/101), Riehle (30/31, 66/67, 84/85, 90/91), Tatlow (U. l.); Laif/Le Figaro Magazine: Martin (75); S. Maedje (20/21); K. Maeritz (16/17, 22/23, 53, 76/77); Mauritius: Cassio (68), Weber (95); K. U. Müller (3 l., 4 r.); D. Renckhoff (U. M., 3 r., 4 l., 18, 36, 40, 48, 50, 58, 61, 65, 71, 73, 74, 80, 83, 92, 97, 98/99, 99); M. Riehle (103); Schapowalow: Scholz (33); Schuster: Explorer (20); P. Spierenburg (2 l., 5, 26, 54, 78, 111); H.-W. Schütte (147); M. Thomas (29, 38, 88); Transglobe: Koene (U. r.); White Star: Reichelt (11)

11., aktualisierte Auflage 2008

Verlegerin: Stephanie Mair-Huydts; Chefredaktion: Michaela Lienemann, Marion Zorn
Autor: Dr. Hans-Wilm Schütte; Redaktion: Corinna Walkenhorst
Programmbetreuung: Leonie Dlugosch, Nadia Al Kureischi; Bildredaktion: Barbara Schmid, Gabriele Forst
Szene/24h: wunder media, München
Kartografie Reiseatlas: © Berndtson & Berndtson GmbH, Fürstenfeldbruck
Innengestaltung: Zum goldenen Hirschen, Hamburg; Titel/S. 1–3: Factor Product, München
Sprachführer: Dr. Hans-Wilm Schütte, Dr. Wang Yubo

Printed in Germany. Gedruckt auf 100% chlorfrei gebleichtem Papier

FÜR IHRE NÄCHSTE REISE

gibt es folgende MARCO POLO Titel:

DEUTSCHLAND
Allgäu
Amrum/Föhr
Bayerischer Wald
Berlin
Bodensee
Chiemgau/Berchtesgadener Land
Dresden/Sächsische Schweiz
Düsseldorf
Eifel
Erzgebirge/Vogtland
Franken
Frankfurt
Hamburg
Harz
Heidelberg
Köln
Lausitz/Spreewald/Zittauer Gebirge
Leipzig
Lüneburger Heide/Wendland
Mark Brandenburg
Mecklenburgische Seenplatte
Mosel
München
Nordseeküste Schleswig-Holstein
Oberbayern
Ostfriesische Inseln
Ostfriesland/Nordseeküste Niedersachsen/Helgoland
Ostseeküste Mecklenburg-Vorpommern
Ostseeküste Schleswig-Holstein
Pfalz
Potsdam
Rheingau/Wiesbaden
Rügen/Hiddensee/Stralsund
Ruhrgebiet
Schwäbische Alb
Schwarzwald
Stuttgart
Sylt
Thüringen
Usedom
Weimar

ÖSTERREICH | SCHWEIZ
Berner Oberland/Bern
Kärnten
Österreich
Salzburger Land
Schweiz
Tessin
Tirol
Wien
Zürich

FRANKREICH
Bretagne
Burgund
Côte d'Azur/Monaco
Elsass
Frankreich
Französische Atlantikküste
Korsika
Languedoc-Roussillon
Loire-Tal
Normandie
Paris
Provence

ITALIEN | MALTA
Apulien
Capri
Dolomiten
Elba/Toskanischer Archipel
Emilia-Romagna
Florenz
Gardasee
Golf von Neapel
Ischia
Italien
Italienische Adria
Italien Nord
Italien Süd
Kalabrien
Ligurien/Cinque Terre
Mailand/Lombardei
Malta/Gozo
Oberital. Seen
Piemont/Turin
Rom
Sardinien
Sizilien/Liparische Inseln
Südtirol
Toskana
Umbrien
Venedig
Venetien/Friaul

SPANIEN | PORTUGAL
Algarve
Andalusien
Barcelona
Baskenland/Bilbao
Costa Blanca
Costa Brava
Costa del Sol/Granada
Fuerteventura
Gran Canaria
Ibiza/Formentera
Jakobsweg/Spanien
La Gomera/El Hierro
Lanzarote
La Palma
Lissabon
Madeira
Madrid
Mallorca
Menorca
Portugal
Spanien
Teneriffa

NORDEUROPA
Bornholm
Dänemark
Finnland
Island
Kopenhagen
Norwegen
Schweden
Südschweden/Stockholm

WESTEUROPA | BENELUX
Amsterdam
Brüssel
Dublin
England
Flandern
Irland
Kanalinseln
London
Luxemburg
Niederlande
Niederländische Küste
Schottland
Südengland

OSTEUROPA
Baltikum
Budapest
Estland
Kaliningrader Gebiet
Lettland
Litauen/Kurische Nehrung
Masurische Seen
Moskau
Plattensee
Polen
Polnische Ostseeküste/Danzig
Prag
Riesengebirge
Russland
Slowakei
St. Petersburg
Tschechien
Ungarn
Warschau

SÜDOSTEUROPA
Bulgarien
Bulgarische Schwarzmeerküste
Kroatische Küste/Dalmatien
Kroatische Küste/Istrien/Kvarner
Montenegro
Rumänien
Slowenien

GRIECHENLAND | TÜRKEI | ZYPERN
Athen
Chalkidiki
Griechenland Festland
Griechische Inseln/Ägäis
Istanbul
Korfu
Kos
Kreta
Peloponnes
Rhodos
Samos
Santorin
Türkei
Türkische Südküste
Türkische Westküste
Zakinthos
Zypern

NORDAMERIKA
Alaska
Chicago und die Großen Seen
Florida
Hawaii
Kalifornien
Kanada
Kanada Ost
Kanada West
Las Vegas
Los Angeles
New York
San Francisco
USA
USA Neuengland/Long Island
USA Ost
USA Südstaaten/New Orleans
USA Südwest
USA West
Washington D.C.

MITTEL- UND SÜDAMERIKA
Argentinien
Brasilien
Chile
Costa Rica
Dominikanische Republik
Jamaika
Karibik/Große Antillen
Karibik/Kleine Antillen
Kuba
Mexiko
Peru/Bolivien
Venezuela
Yucatán

AFRIKA | VORDERER ORIENT
Ägypten
Djerba/Südtunesien
Dubai/Vereinigte Arabische Emirate
Israel
Jerusalem
Jordanien
Kapstadt/Wine Lands/Garden Route
Kenia
Marokko
Namibia
Qatar/Bahrain/Kuwait
Rotes Meer/Sinai
Südafrika
Tunesien

ASIEN
Bali/Lombok
Bangkok
China
Hongkong/Macau
Indien
Japan
Ko Samui/Ko Phangan
Malaysia
Nepal
Peking
Philippinen
Phuket
Rajasthan
Shanghai
Singapur
Sri Lanka
Thailand
Tokio
Vietnam

INDISCHER OZEAN | PAZIFIK
Australien
Malediven
Mauritius
Neuseeland
Seychellen
Südsee

> UNSER INSIDER

MARCO POLO Autor Hans-Wilm Schütte im Interview

Dr. Hans-Wilm Schütte, Sinologe und Chinapublizist, verfolgt den tief greifenden Wandel der Stadt seit seinem ersten Besuch im Jahr 1980.

Was verbindet Sie mit Peking?

Ich erinnere mich, wie ich schon als Kind den Stadtplan von Peking betrachtete, den ich einem Atlas fand. Als ich China später zu meinem Beruf machte, habe ich zu Pekings Stadtgeschichte geforscht und unter anderem Interviews mit alten Pekinger Handwerkern gemacht. Außerdem habe ich dort gute Freunde, Deutsche und Chinesen.

Sie sprechen also Chinesisch? Können Sie es auch lesen und schreiben?

Ja, das gehört natürlich dazu. Ohne Sprachkenntnisse bliebe die Beschäftigung mit China doch sehr oberflächlich.

Ihre erste Begegnung mit Peking?

Kurz und hektisch. 1980 kam ich als Mitglied einer Reisegruppe. Für den Kaiserpalast ließ man uns gerade einmal anderthalb Stunden Zeit. Beim zweiten Besuch, 1983, zog ich dann erstmals auf eigene Faust los.

Sie fahren regelmäßig nach Peking?

Ich komme seither fast jedes Jahr einmal in die Stadt, sei es als Reiseleiter, sei es für meine eigenen Zwecke und um meine Freunde zu besuchen. Ich bleibe dann gern zwei, drei Wochen.

Was gefällt Ihnen an Peking?

Die reiche Tradition, das bunte Leben, die aufgeschlossenen Menschen, das vorzügliche Essen. Und es ist immer spannend zu sehen, wie sich die Stadt verändert.

Was genau machen Sie beruflich?

Ich bin freiberuflicher Publizist mit Schwerpunkt China. Außerdem habe ich noch eine kleine Stelle an einem Forschungsinstitut.

Was tun Sie in Ihrer Freizeit?

Klavierspielen von Bach bis Brahms und als Radwanderer die deutsche Kulturlandschaft genießen. Bei aller Begeisterung für Fernost bin ich doch auch heimatverbunden geblieben.

Was prädestiniert Sie als MARCO POLO Autor?

Meine chinesischen Sprach- und Kulturkenntnisse, aber auch meine jahrzehntelange Vertrautheit mit Peking. Meine Aufgeschlossenheit für Fremdes, Unbekanntes und Neues ist sicher auch nicht verkehrt.

Ihr Pekinger Lieblingsessen?

Teigtaschen – schlicht und köstlich, vor allem die gedämpften.

> BLOSS NICHT!

Wie Sie sich vor Ärger schützen

Ohne chinesische Adresse losziehen

Wer in China kein Chinesisch kann, ist so gut wie Analphabet und taubstumm. Auch Chinesen, die Englisch sprechen, kennen selten die englischen Namen der Hotels, die mit den chinesischen Namen oft keinerlei Ähnlichkeit haben. Gehen Sie daher nie los, ohne sich die chinesisch geschriebene Adresse Ihrer Herberge mitzunehmen.

Einzeln bestellen und zahlen

Ob Sie zu zweit essen gehen oder zu zwölft: Bestellen und zahlen Sie niemals getrennt! Bestimmen Sie einen, der beides in Absprache mit den anderen erledigt. Speist ein Chinese mit, so passen Sie auf, dass er sich nicht ruiniert, indem er heimlich für den ganzen Tisch die Kosten übernimmt.

Beim Taxifahren Fehler machen

Achten Sie darauf, dass das Taxameter benutzt wird, und nehmen Sie lieber ein anderes Taxi, falls man Ihnen eine Fahrt mit angeblich kaputtem Taxameter aufschwatzen will. Fahren Sie von außerhalb in die Stadt, zürnen Sie dem Fahrer nicht, wenn er Sie auf halbem Wege absetzt: Er hat für die Innenstadt womöglich keine Lizenz.

Schleppern folgen

Trick Nr. 1: Eine nette junge Person spricht Sie auf Englisch an, begleitet Sie eine Weile, schlägt dann vor, ein nahes Teehaus zu besuchen. Die Rechnung: ein paar Hundert Yuan fürs Kännchen. Trick Nr. 2: Sie werden in eine Galerie gelockt, wo Sie mit dem Kauf eines Bildes angeblich bedürftige Kunststudenten unterstützen. Alles Unsinn.

Entfernungen unterschätzen

Peking ist groß und leidet unter Verkehrsinfarkt. Per Taxi oder Bus ist man zu den Stoßzeiten oft deutlich länger unterwegs, als man glaubt. Wechseln Sie, wenn möglich, auch für Teilstrecken auf die U-Bahn – das einzige Verkehrsmittel mit kalkulierbaren Fahrzeiten.

Rikscha fahren

Ohne Chinesischkenntnisse nicht zu empfehlen. Für einen Phantasiepreis fährt man Sie, wohin Sie gar nicht wollen.

Artenschutzbestimmungen missachten

Obwohl China diesbezüglichen internationalen Abkommen beigetreten ist, wird noch viel gesündigt. Mit Wildkatzenfellen, Elfenbein oder Krokodilhäuten im Gepäck gibt's bei der Heimkehr aber Scherereien!

Auf Schnäppchenverkäufer hereinfallen

Echt Antikes zum Schnäppchenpreis? Da könnte es sich um Ware von Grabräubern handeln. Falls die Polizei sie Ihnen bei der Ausreise nicht wieder abnimmt, wird der heimische Zoll Sie schröpfen.